In dieser Reihe sind
bisher erschienen:

Richtig Badminton
Richtig Basketball
Richtig Carven
Richtig Fitness-Skating
Richtig Fußball
Richtig Golf
Richtig Golf länger und genauer
Richtig Golf rund ums Grün
Richtig Inline-Skating
Richtig Jogging
Richtig Kanufahren
Richtig Karate
Richtig Marathon
Richtig Mountainbiken
Richtig Muskeltraining
Richtig Paragliding
Richtig Reiten
Richtig Rennradfahren
Richtig Schwimmen
Richtig Segeln
Richtig Snowboarding
Richtig Sportklettern
Richtig Stretching
Richtig Teakwondo
Richtig Tanzen Lateinamerikanische Tänze
Richtig Tanzen Standardtänze
Richtig Tanzen Modetänze
Richtig Tauchen
Richtig Tennis
Richtig Tennistraining
Richtig Tischtennis
Richtig Torwarttraining
Richtig Walking
Richtig Yoga

BLV SPORTPRAXIS TOP

Jürgen Gerlach

RICHTIG

Kanu-fahren

blv

Die deutsche Bibliothek –
CIP-Einheitsaufnahme

Ein Titeldatensatz für diese Publikation ist bei Der Deutschen Bibliothek erhältlich

Jürgen Gerlach, Jahrgang 1948, ist Lehrer im Schuldienst. Nach den ersten Paddelschlägen im Faltboot Spitzensporterfahrung als zweifacher WM-Dritter und Olympiateilnehmer im Kanuslalom. Danach war er als Bundestrainer des Niederländischen und des Deutschen Kanu-Verbandes sowie als Fachwart für Ausbildung im Bereich der Trainer- und Lehrerausbildung tätig. Jürgen Gerlach ist Autor und Herausgeber mehrerer Bücher und Kalender rund um den Kanusport. Er unternahm expeditionsähnliche Fahrten mit Kajak und Kanadier in alle Teile der Welt, speziell in die Arktis. Derzeit ist er mit der Familie auf den schönsten bundesdeutschen Seen und Flüssen unterwegs.

Lektorat: Maritta Kremmler
Layoutkonzeption: Parzhuber & Partner
Layout und DTP: Gaby Herbrecht, München
Herstellung: Rosemarie Schmid
Druck: Appl, Wemding
Bindung: Conzella, Urban Meister, München

Gedruckt auf chlorfrei gebleichtem Papier

Printed in Germany · ISBN 3-405-16075-8

Bildnachweis:
Alle Fotos von Jürgen Gerlach, außer
Prijon/Riegel: Seite 32, 35
Günther Siebke: Seite 12, 19, 23, 39, 43, 100, 107, 115, 120, 121

Grafik: Jörg Mair

Umschlagfotos: Jürgen Gerlach
Umschlaggestaltung: Joko Sander Werbeagentur, München

Vorwort

Das Kanuwandern hat in den letzten Jahren eine ungeahnte Renaissance erlebt. Eine Fahrt im Kanu bedeutet intensiven Kontakt mit der Natur. Kaum eine andere Natursportart vermittelt so schnell und beeindruckend ein Gefühl dafür, wie eng und reglementiert es in unserer zivilisierten Alltagswelt zugeht, wie hektisch und schmutzig es in unseren Städten ist. Die Welt des Kanuwanderns erschließt sich Kindern, Jugendlichen, Yuppies, Oma und Opa, dem Papa und der Mama gleichermaßen. Beim Kanuwandern sitzen (manchmal) alle in einem Boot. Man kann ganz allein losfahren, zusammen mit Freunden, der Familie, Vereinskameraden. Man kann es zu allen Jahreszeiten tun, wenn entsprechende Erfahrung und Ausrüstung vorhanden sind. Kanuwandern macht Spaß und ist obendrein gesund. Richtig erlernt und geplant ist Kanuwandern eine entspannende Möglichkeit, im Einklang mit der Natur die mehr oder weniger vorhandene Abenteuerlust in uns und den Wunsch nach neuen Eindrücken zu befriedigen.

Differenziert und nuancenreich wie kaum eine andere Sportart ist die Palette des Kanusports mit seinem außergewöhnlichen Freizeitwert und den überaus reizvollen Angeboten im Bereich des Breiten- und Leistungssports. Wasserwandern im Kanu kann auf ganz vielfältige und immer wieder neue Art betrieben werden: Tages-, Wochenend- und mehrwöchige Ferienfahrten beinhalten das gemütliche Binsenbummeln auf kleinen und großen Seen. Spezielle Ausdauer ist erforderlich bei der Bewältigung langer Strecken auf Bächen, Flüssen und Strömen. Die gelegentlich spritzige, manchmal beschwerliche Fahrt auf verwinkelten, kleinen Flüssen, die nur nach ergiebigen Regenfällen ausreichend Wasser führen, erfordert viel Übung und Erfahrung. Die schnelle und anspruchsvolle Fahrt auf ursprünglichen Wildbächen setzt das Erlernen der spezifischen Wildwassertechnik voraus. Die Fahrt an der Küste, auf Salzwasser und im Mündungsbereich großer Ströme stellt wiederum ganz besondere Ansprüche an ein Können, das in speziellen Kursen vermittelt wird.

Stolzer und glücklicher Besitzer eines Kanus kann jeder werden. Auf den im Frühjahr und Herbst allerorten durchgeführten Kanu-Flohmärkten bei Vereinen und Fachgeschäften können Sie als Kanu-Einsteiger eine preiswerte Grundausrüstung erstehen. Mit vergleichsweise geringen Finanzen erschließen Sie sich eine breite Palette von außergewöhnlichen Erlebnissen, die in dieser Form nur der Kanusport bieten kann. In den letzten Jahren hat die Zahl der Neu-Kanuten ständig zugenommen. Je stärker allerdings die Zahl der in Verein und Verband organisierten Kanuten und der noch nicht organisierten Kanuwanderfahrer, Wochenend- und Ferienpaddler zunimmt, desto wichtiger wird es, dass diese mit den sportbezogenen Grundregeln und Basisinformationen vertraut gemacht werden. Hier bieten Vereine, Verbände, Kanuschulen und andere Freizeitorganisationen vielfältige Einsteigerkurse an. Lassen Sie sich am Anfang eine systematische Einführung ruhig etwas Zeit und Geld kosten. Es wird sich schnell auszahlen. Das Wissen um die Möglichkeiten, aber auch um die mit diesem außergewöhnlich schönen Sport verbundenen Risiken bewahrt Sie vor unliebsamen Überraschungen beim Kauf eines Kanus und der ersten Ausfahrt im eigenen Boot. Sie werden dann der »Droge« Kanufahren gerne verfallen und über Jahre, vielleicht sogar Jahrzehnte, das Wandern auf dem Wasser genussvoll und mit immer wieder neuen Eindrücken ausüben.

Ein Dank geht an Udo Beier für die Zusammenarbeit beim Thema »Unterkühlung«, Günter Jens für die Durchsicht des Manuskripts, Horst Fürsattel für vielerlei Anregungen in unterschiedlichen Kapiteln. Schließlich und ganz besonders herzlich bedanke ich mich an dieser Stelle bei allen Freunden, mit denen ich im Laufe der letzten Jahre im Kanu unterwegs war. Ein großer Teil dessen, was ich in diesen Jahren erleben durfte, wäre ohne sie nicht denkbar gewesen. Ohne sie wäre daher auch dieses Buch nicht zustande gekommen.

Jürgen Gerlach

Steigen Sie ein – Kanufahren erschließt eine breite Palette außergewöhnlicher Erlebnisse.

Rund ums Kanu

Einsteiger-Info Kanu, Kajak und Kanadier

»Was ist denn eigentlich der Unterschied zwischen Kanu, Kajak und Kanadier?« werde ich fast immer gefragt, wenn Einsteiger sich für das Kanuwandern interessieren. Hier meine kurz gefasste Antwort:

- **Kanu:** ist die Mutter der Familie. Kanadier und Kajak sind beide Kanus und werden in Blickrichtung vorwärts bewegt.
- **Kajak:** Sie sitzen »drin« im Boot und bewegen es nach Eskimoart mit einem Doppelpaddel vorwärts.
- **Kanadier:** Sie sitzen oder knien im Boot und bewegen es nach Indianerart mit einem Stechpaddel vorwärts.

Kajaks werden nach Eskimoart mit Doppelpaddel bewegt.

Nach dieser Terminologie ist das Wort »Kanu« der Oberbegriff für »Kajak« und »Kanadier«. Im Umgangssprachlichen werden jedoch gelegentlich Kanu und Kanadier sinngleich gebraucht. Oft genug kann der Laie auch Kanufahren und Rudern nicht auseinander halten. »Beim Paddeln fährt man in Blickrichtung – beim Rudern gegen die Blickrichtung«, heißt die Definition in manchen Veröffentlichungen. Kanuten nennen die Ruderer dann und wann liebevoll »Rückwärtspaddler«. Wissen Sie jetzt warum?

Der Kanadier

Für Leute, die nach der langen Woche vor dem Computer endlich mal entspannen, den Horizont erweitern und etwas anderes sehen wollen: Im Kanadier geht das relativ schnell und unproblematisch. Ein paar Trainingsstunden, und schon ist »Winnetou« unterwegs. Immer mehr »Outdoor-People« entdecken den Reiz des Kanusports speziell im Kanadier. Ein Vorteil des Kanadiers liegt in seiner relativ einfach zu erlernenden Handhabung: hineinsetzen, sich wohl fühlen und lospaddeln.

Der Kanadier wurde von den Indianern Nordamerikas für die Jagd und für den Transport schwerer Lasten auf Flüssen und Seen entwickelt. Er ist ein großes, offenes Boot, das für das Kanuwandern eine ganze Reihe von Vorteilen bietet: Große Ladekapazität verbindet sich mit kippstabilem Fahrverhalten. Er ist, da

oben meist offen, leicht zu beladen. Ideal als Familienboot: Kind, Hund und große Kühltasche haben ausreichend Platz. Die Nachteile eines Kanadiers: Er ist im Vergleich zum Kajak schwerer, langsamer und unhandlicher beim Transport. Außerdem ist er für Wildwasser weniger geeignet. Dieser Einsatzbereich bleibt überwiegend den Kajaks vorbehalten. Kanadier sind außerdem durch die relativ hohe Bauweise windempfindlich und normalerweise nicht mit einer Steuervorrichtung ausgerüstet. Deshalb sind sie trotz des großen Stauraums für längere Fahrten auf dem Meer und an der Küste ungeeignet.

Wenn Sie mit Kind und Kegel auf Binnenseen oder größeren Flüssen fahren wollen, sollten Sie sich für den großvolumigen Kanadier entscheiden. Bei Urlaubs- oder Wochenendfahrten bietet er jede Menge Stauraum für das Gepäck und mehr als ausreichenden Bewegungsspielraum für die Kinder. Große Stabilität sowie Kentersicherheit sind sozusagen »eingebaut«. Für Kanadier liefern die Hersteller Abdeckplanen für das gelagerte Boot und Persenninge, die in Verbindung mit Spritzdecken die Insassen und

Kanadier werden nach Indianerart mit Stechpaddel bewegt.

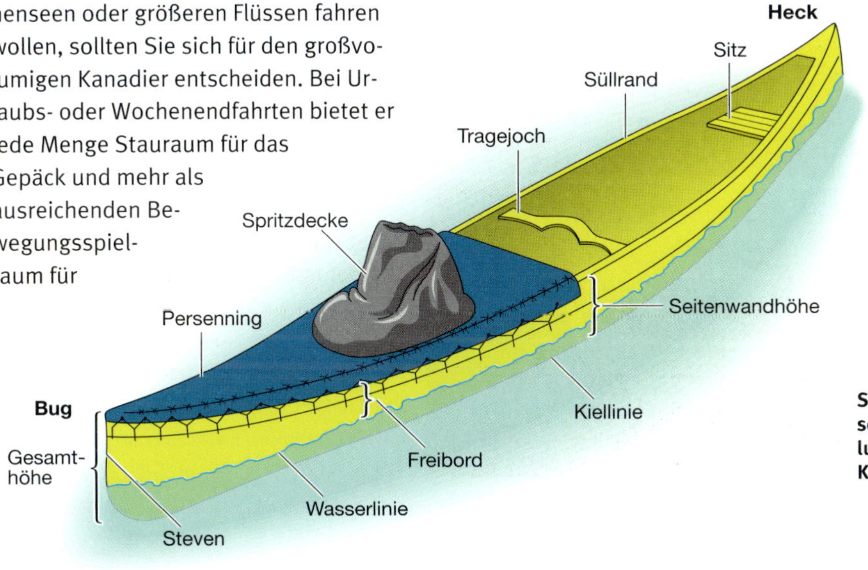

Schematische Darstellung eines Kanadiers

die Ausrüstung vor eindringendem Regen sowie Spritzwasser durch Wind und Wellen schützen.

An dieser Stelle soll in erster Linie von Allround-Kanadiern die Rede sein; Boote mit offenem Deck, neutralen Fahreigenschaften und Platz für ein, zwei oder drei Personen plus Zuladung, sprich Gepäck.

Der Kanadier: ein ideales Familienboot

Als Einsteiger informieren Sie sich zunächst im Laden des Kanu-Fachberaters, bei Freunden oder im Verein. Die erste Frage gilt der Größe und Zuladung des Bootes. Wie viele Personen sollen hineinpassen und wie viel Gepäck wird zugeladen?

- Kanadier, die als Einer gefahren werden, sind etwa 420–470 cm lang.
- Kanadier, die in der »Standardbesetzung« mit zwei Personen gefahren werden, sind zwischen 450 und 510 cm lang.
- Länger als ca. 510 cm sind die »Elefanten« für drei und mehr Erwachsene plus Gepäck.

Eine »tragbare« Zuladung ist bei etwa 15 cm Freibord (das ist der Abstand zwischen der Wasseroberfläche und der niedrigsten Stelle der Seitenwand) erreicht. Ohne Gepäck sollte das Freibord etwa 30 cm betragen. Allerdings gilt auch: Je höher die Seitenwand, umso höher ist die Anfälligkeit für Seitenwind, das ist einer der größten Nachteile des Kanadiers im Vergleich mit dem Kajak.

Wenn diese Fragen geklärt sind, geht es um den Einsatzbereich:

Kanadier für lange Strecken auf großen Gewässern sind lang und schlank, entsprechend der Grundregel »Länge läuft«. Um dem Seitenwind weniger Angriffsfläche zu bieten, ist das verbleibende Freibord relativ niedrig. Kanadier mit Rund- oder V-Spant sind allerdings relativ kippelig. Man trifft diese Boote z. B. auf großen Seen und sehr langsam fließenden Gewässern. Sie bieten durch

ihre Spantform eine geringe Anfangs-, dann aber eine relativ hohe Endstabilität.
Sie werden das bemerken, wenn Sie in einem leeren Boot hin- und herschaukeln. Diese Boote liegen »auf der Seite« recht stabil.

- Breitere Kanadier mit flachem Boden sind als Tourenboote schwerfällig. Sie eignen sich vor allem für größere und kleinere Flüsse. Die geringere Geschwindigkeit wird durch eine bessere Drehfähigkeit aufgewogen.
- Auf schnell fließenden und kleineren Gewässern bis hin zum leichten Wildwasser wird die Wendigkeit des Bootes wichtiger als die Schnelligkeit; das Wildwasser ist selbst schnell genug. Die dafür vorgesehenen Boote haben mehr »Sprung«, d. h. eine aufgebogene Kiellinie. Das macht das Boot langsamer, dafür kommt man in Kurven besser zurecht.

Der Kajak

Mit Kajaks können Sie auf jedem Wasser so ziemlich alles machen: quer über den Atlantik paddeln, 30 Meter hohe Wasserfälle hinunterhüpfen, Expeditionsfahrten in die abgelegensten Winkel unseres blauen Planeten unternehmen. Kajaks sind unglaublich vielseitige Wasserfahrzeuge, wahrscheinlich die universellsten überhaupt. Ich will in diesem Buch allerdings nur von einem Einsatzbereich reden, dem Kanuwandern im Kajak. Tourenkajaks decken das riesige Einsatzspektrum ab. Drei Typen von Tourenkajaks reichen aus, der Vielzahl von Einsatzmöglichkeiten gerecht zu werden:

- Touren auf Großgewässern verlangen nach schnelllaufenden, langen Kajaks, die schmal sind und dem Wind relativ wenig Angriffsfläche bieten. Sie erreichen bei gutem Geradeauslauf zufrie-

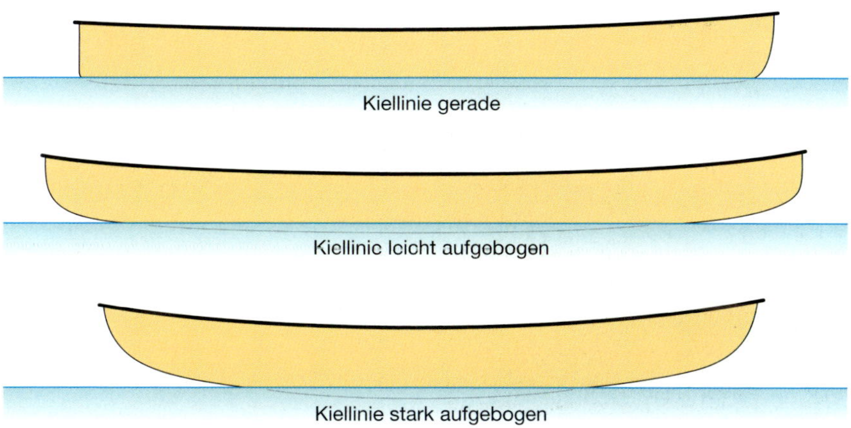

Die unterschiedlichen Kiellinien beim Kanadier beeinflussen die Fahreigenschaften.

denstellende Geschwindigkeiten. Dafür lässt die Wendigkeit zu wünschen übrig.

- Wer Touren überwiegend auf kleineren Wanderflüssen plant, wird sich nach einem Tourenkajak mit ausgewogenen Fahreigenschaften umschauen und sich für ein etwas kürzeres und daher nicht ganz so schnelles Boot entscheiden. Sein flacher Boden (V/U-Spant) sorgt für ein gutmütiges Fahrverhalten. Hier sitzen Kanu-Einsteiger genau richtig.
- Auf schneller fließenden und etwas engeren Gewässern wird die Wendigkeit ein wichtiges Kriterium. Ebenso wie die Kanadier haben auch wendige Kajaks mehr »Sprung«, d. h. eine aufgebogene Kiellinie. Das macht das Boot insgesamt langsamer, dafür läuft es aber mit weniger Aufwand leichter um die Kurven.
- Was für den Kajak-Einer gilt, trifft auch für den Zweier zu. Allerdings ist zu bedenken, dass bei sehr langen Touren zwei Einer mehr Stauraum bieten als ein Zweier.

Der Kajak wurde von den Eskimos für die Jagd unter den extremen Bedingungen der Arktis entwickelt. Er weist daher ein geschlossenes Deck mit Sitzluke auf, die durch eine Spritzdecke wasserdicht verschlossen werden kann. Mit einem Einerkajak sind Sie auf dem Wasser schneller als ein Einerkanadier. Dafür ist er ein wenig kippeliger und etwas schwieriger zu steuern. Er ist meist leichter als ein Kanadier und dementsprechend besser zu verladen. Auf großen, offenen Wasserflächen hat er schließlich wegen seiner geringeren Windanfälligkeit gegenüber dem Kanadier erhebliche Vorteile.

- Wollen Sie vor allem sportlich unterwegs sein, empfehle ich Ihnen Einerkajaks. In den unterschiedlichen Ausführungen und Spantformen eignen sie sich für nahezu jedes Gewässer, also

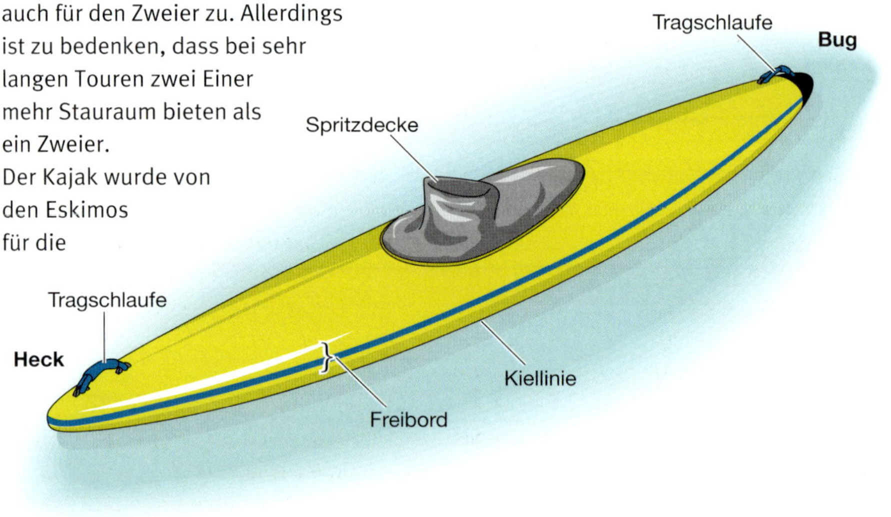

Schematische Darstellung eines Kajaks

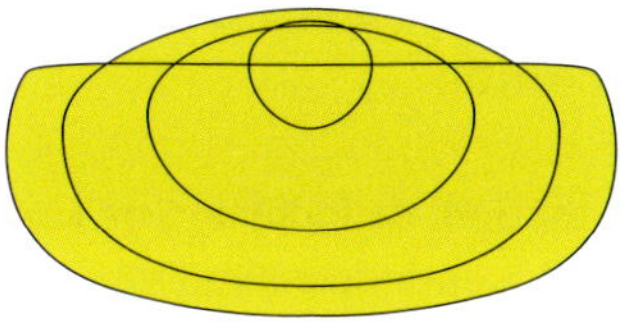

U-Spant

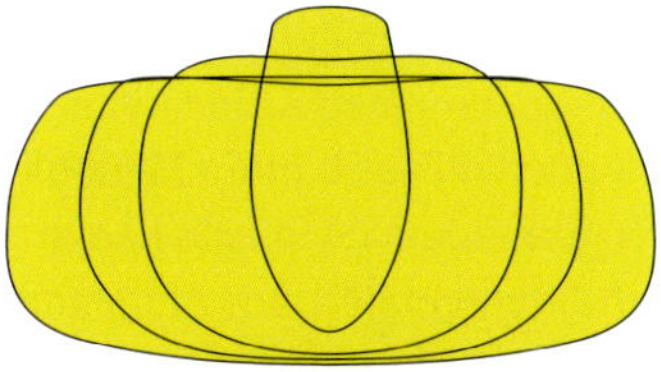

V/U-Spant

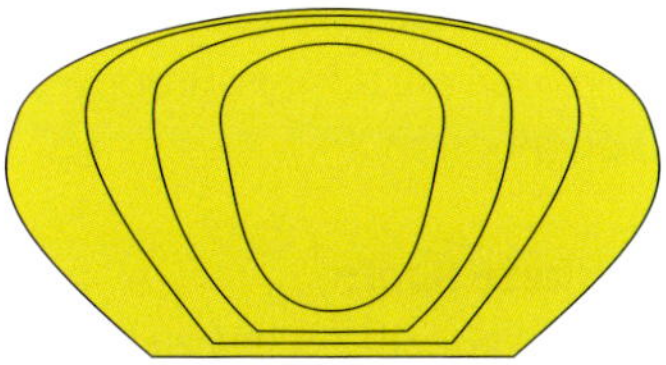

Knickspant

vom Binsenbummeln bis zur extremen Wildwasserfahrt. Einerkajaks gewähren ein hohes Maß an Unabhängigkeit und Individualität. Das richtige Boot für Alleinreisende, Einsiedler und Eremiten!

- Zweierkajaks bewähren sich auf der Langstrecke, in der Regel also auf größeren Gewässern. Auch sind sie für Fahrten auf Küstengewässern aufgrund ihrer konstruktiven Merkmale gut geeignet. Dann müssen sie allerdings, ebenso wie Einerkajaks, auf jeden Fall mit einer Steuervorrichtung ausgerüstet sein. Sie sind dann, auch bei widrigen Winden, besonders richtungsstabil. Ebenso bieten sie den Fahrern gegenüber dem Einerkajak durch ihre Bauweise ein Stück zusätzliche Bewegungsfreiheit. Dies ist ein Vorteil, den ich vor allem bei längeren Fahrten mit teilweise expeditionsähnlichem Charakter genießen konnte. Ein weiterer Vorteil ergibt sich aus der Tatsache, dass der erfahrene Steuermann hinten sitzend dem vor ihm sitzenden Einsteiger Sicherheit vermitteln und korrigierend und helfend eingreifen kann.

Kajaks werden mit unterschiedlich großen Sitzluken gebaut. Große Sitzluken sind vor allem bei entsprechender Körpergröße (und -volumen) vorteilhaft, ebenso wenn viel Gepäck unterzubringen ist. Alle Sitzluken mit entsprechendem Süllrand können mit Spritzdecken nahezu wasserdicht verschlossen werden. Dies ist kein Luxus. Bei nasskaltem Wetter bedeutet eine dichte Spritzdecke ein großes Stück Behaglichkeit.

Bootstypen

Damit sind an dieser Stelle nicht die teils verwegenen Gestalten gemeint, die mit dem Stech- oder Doppelpaddel hantieren. Vielmehr müssen Sie sich mit dem Gedanken vertraut machen, dass es mit der Unterscheidung zwischen Kajak und Kanadier noch lange nicht getan ist. Da ist für den Bereich des Kanuwanderns eine Vielzahl von Bootstypen auf dem Markt, die allesamt für sich beanspruchen, das »Besondere« zu bieten.

Die Spantform hat entscheidenden Einfluss auf die Fahreigenschaften eines Kajaks.

Die idealen Kajaks und Kanadier für das Kanuwandern sind nicht besonders leicht, nicht besonders schnell, auch nicht besonders drehfreudig. Sie können also alles, aber nichts besonders gut. Gerade diese Nicht-Spezialisierung macht sie zu perfekten Allroundern. Allerdings finden wir in dieser Gruppe der Alleskönner wiederum einen Dschungel unterschiedlichster Angebote: Alles hängt davon ab, wo und wie wir unterwegs sein wollen. Ist es

- ein ruhiges Fließgewässer,
- leichtes Wildwasser,
- ein kleiner oder großer Binnensee,
- ein Strom,
- ein Tages- oder Wochenendtrip,
- eine längere Gepäckfahrt u.a.m.?

Die unten stehende Tabelle bietet eine Orientierungshilfe.

Gleich, für welches Boot Sie sich entscheiden werden, nach kurzer Zeit werden Sie ein inniges Verhältnis zum Kanu Ihrer Wahl entwickeln. So ging es auch mir mit meinem ersten eigenen Boot.

Orientierungshilfe zum Einsatzbereich von Kajak und Kanadier

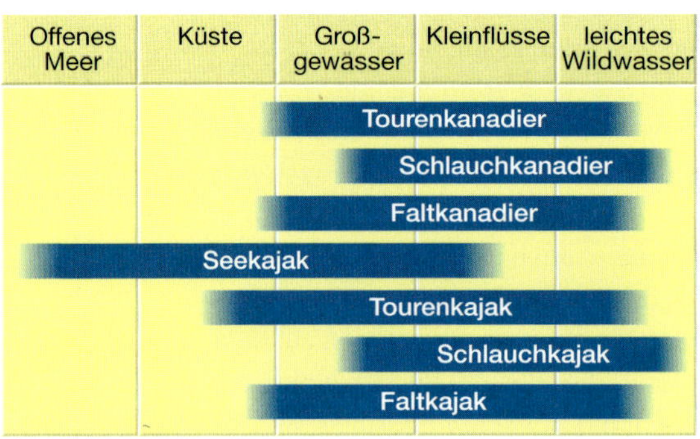

Der Stoff, aus dem die Boote sind

Vorbei die Zeit, da Indianer ihre Kanadier mit Birkenrinde umhüllten und Eskimos vier Robbenfelle benötigten, um einen Kajak zu bauen. Das ist nur noch Folklore. Kanus aus Kunststoff beherrschen heute den Markt. Und auf einzelnen Ständen dieses bunten Marktes werden außerdem noch edle Kanus aus Holz und weniger edle aus Aluminium angeboten. Alles in allem geht es also für den Einsteiger auf diesem Markt ziemlich unübersichtlich zu. Grob strukturiert werden derzeit vier Gruppen von Kanus angeboten:

1. Laminierte Boote

Da kommen einmal laminierte Kanus auf dem Wasser daher; Polyesterharze und Glasfasermatten (GfK) sind hier eine innige Verbindung eingegangen. Diese Boote sind hart, verformen sich auch in der Sonne nicht, sind leicht zu reparieren. Bei exklusiveren Versionen (die dann natürlich um einiges teurer sind) werden statt der Glasfasern Diolen-, Karbon- oder Kevlarfasern zusammen mit Epoxydharzen verarbeitet. Und das alles per Hand. Diese Laminate sind deutlich leichter und robuster als die GfK-Versionen.

2. Thermoplastboote

Und dann gibt es die etwas schwereren Thermoplastboote. Polyethylen (PE) ist der Ausgangsstoff für diese Boote, die sich immer mehr durchsetzen, insbesondere im Kajak- und Wildwasserbereich. Hier sind Kajaks aus »Hochleistungs-Thermoplast » (HTP) die Marktführer. HTP ist recycelbar und daher relativ unproblematisch für die Umwelt. Im Kanadierbau wird bei der Verwendung von PE gelegentlich noch ein Alugerüst eingebaut, da einschichtiges PE zwar zäh und schlagfest, aber auch relativ weich ist. Olthylen ist ein Markenname für Polyethylen. PE-Kanadier sind schwerer als Glasharz- oder gar Karbonharz-Kanadier. Sehr robuste Leichtgewichtler werden aus Sandwich-Material gefertigt (also mehrere Lagen aus verschiedenen Werkstoffen übereinander, teilweise bis zu neun Schichten), dessen Deckschichten bisher beiderseits aus einem nicht recyclebarem Vinylharz bestanden (Royalex, Oltonar). Das neuere Royalite ist umweltfreundlicher und lässt sich mit Epoxydharz reparieren. Boote aus Royalex und Royalite sind nahezu unverwüstlich und verfügen über ein »Formgedächtnis«; selbst relativ große Beulen, die bei falscher Lagerung entstehen, verschwinden, wenn man sie erwärmt.

3. Faltboote

Der Schneidermeister Klepper aus Rosenheim brachte diese Kajaks vor siebzig Jahren zur Serienreife. Faltboote sind fast immer Kajaks und bestehen aus einem Holz- oder Alugerüst, das mit beschichtetem Gewebe bespannt wird. Im Bereich des Unterschiffs wird es mit Kunststoff oder Kautschuk verstärkt, das Baumwolldeck wird wasserabweisend imprägniert. Faltboote sind oft mit einer Steueranlage ausgestattet, einige Ausführungen eignen sich für den Aufbau einer Besegelung. Es wird auch ein Faltkanadier angeboten. Der Riesenvorteil der Faltboote: Sie sind zusammenzulegen, so dass man sie überallhin transportieren kann. Außerdem überwintern sie zusammengelegt und verpackt in jedem Abstellraum. Die Haut ist recht robust und hält einiges aus. Für das Auf- und Abbauen der Faltboote sind je nach Ausführung und Übung 20–30 Minuten zu rechnen; für den Anfänger dauert es auch schon einmal länger. Faltboote eignen sich vorzugsweise für Touren. Sie sind relativ schnell und laufen gut geradeaus. Deshalb werden sie überwiegend auf großen Strömen, Seen oder sogar bei Küstenfahrten eingesetzt. Ein Nachteil, der allerdings

Faltboote bestehen aus einem Holz- oder Alugerüst.

auch für den Großteil der Kunststoffboote zutrifft, soll nicht unerwähnt bleiben: Faltboote in ihrer klassischen Ausführung sind sehr schwer. Für mich sind 30 Kilogramm so eine Art Schmerzgrenze. Das Gewicht wirkt sich auf dem Land merklich, auf dem Wasser allerdings kaum aus. Bootswagen gehören also zur Standardausrüstung der ambitionierten Kanuten.

4. Schlauchboote

Schlauchboote werden aufgeblasen. Mit der richtigen Pumpe ist es in 10 Minuten erledigt. Sie bestehen aus mehreren getrennten Kammern und sind aus Kautschuk, Hypalon oder Gewebe gefertigt. Schlauchboote bieten aufgrund ihrer hohen Kippstabilität dem Anfänger ein subjektiv sicheres Fahrverhalten. Sie sind gut zu verpacken und praktisch zu transportieren. Außerdem sind sie sogar noch etwas robuster als Faltboote – aber mit PE-Booten natürlich nicht zu vergleichen. Mit dem mitgelieferten Flickzeug werden undichte Stellen leicht repariert. Schlauchboote sind besonders anfällig gegen Seitenwind und daher auf großen Wasserflächen so gut wie nicht einsetzbar.
Völlig abzuraten ist von aufblasbaren Booten, die auch als »Badeboote« bezeichnet werden. Diese Boote bieten in punkto Sicherheit, Zuverlässigkeit und Belastbarkeit einfach zu wenig, als dass man in ihnen eine zünftige Wandertour unternehmen könnte.

Fahrverhalten

Das Fahrverhalten aller Kanus wird von den verschiedenen konstruktiven Möglichkeiten, Formelemente grundlegend miteinander zu kombinieren, geprägt. Die Gestaltung der markantesten Konstruktionsteile Kiel, Spanten und Steven bestimmen die Bootsform und ihre Eigenschaften. Stellen Sie sich zum Beispiel einen langen und gerade gezogenen Kiel in Verbindung mit entsprechenden Steven und Spanten vor, so ergibt sich daraus eine hohe Kursstabilität (guter Geradeauslauf verbunden mit relativer Schnelligkeit).
Dagegen bewirkt ein gebogener Kiel zwar eine ausgeprägte Drehfreudigkeit bei nachlassender Schnelligkeit, aber eben auch die für einen Einsteiger anfangs schwer auszugleichende Neigung, bei jedem Paddelschlag eine neue Richtung einzuschlagen. Durch die unterschiedliche Zusammenfügung der einzelnen Elemente und ihre Abstimmung aufeinander können Bootskonstrukteure eine ausdifferenzierte und nahezu optimale Eignung für alle Einsatzbereiche des Kanuwandersports erzielen.
Nebenbei sei an dieser Stelle bemerkt, dass auch heute noch, trotz aller Computerisierung, die Gestaltung der Bootsform ein schöpferischer Akt des Designers ist, resultierend aus jeder Menge Erfahrung und Sensibilität für Formen und Werkstoffe. Grundsätzlich lebt also

Unterwegs auf der Oste, einem Kleinfluss in Norddeutschland

die Entwicklung neuer Bootsformen von der Kreativität der Kanudesigner sowie von Versuch und Irrtum.
Für den Einsteiger wird ein Boot mit Flachspant und ohne ausgeprägte Kiellinie zunächst kippstabiler als ein auf Kiel gebautes Kanu sein. Das ist angenehm für die ersten Paddelschläge, weil der Einsteiger ein sicheres Gefühl vermittelt bekommt. Ein Kajak oder Kanadier mit angedeutetem oder ausgeprägtem Kiel weist jedoch einen besseren Geradeauslauf auf, er ist dabei auch etwas schneller und kippeliger. Wenn Sie jedoch die ersten Stunden in einem solchen Boot (mit oder ohne Kenterung) überstanden haben, werden Sie sicherlich viel Freude am fast schwerelosen Dahingleiten haben.
Im Anschluss an eine solch kurze Eingewöhnungszeit werden Sie womöglich das Gefühl haben, dass ein Kanu mit Kiel nicht wesentlich kippeliger ist als das Boot mit flachem Spant.
Vielleicht machen Sie Ihre Kaufentscheidung auch davon abhängig, wie häufig Sie mit dem Kanu unterwegs sein wollen. Je öfter Sie im Boot unterwegs sein werden, umso angenehmer wird ein leicht laufender Kajak oder Kanadier im täglichen Umgang sein. Jedes Kanu vereint in seiner Konstruktion zwangsläufig vor- und nachteilige Eigenschaften im Fahrverhalten. Es lebt vom bestmöglichen Kompromiss. Die jeweiligen Vorzüge eines Bootstyps zeigen sich aber letztendlich nur mit Ihrem persönlichen, mit den Jahren zunehmendem Könnensstand in der Fahrtechnik. Nur dann werden Sie alle konstruktiven und materialmäßigen Vorteile eines Kajaks oder Kanadiers voll ausnutzen können.

Innenleben

Die äußere Form eines Kanus ist zwar für die Funktion und das ästhetische Empfinden wichtig. Trotzdem sollten wir das Innenleben ebenfalls einer näheren Prüfung unterziehen. Hier kommt es in allererster Linie auf Ergonomie, also die körper- und bewegungsgerechte Gestaltung an. Ebenso auf Funktionalität, also die optimale Umsetzung des Kraftaufwands in Fahrt. Ich vergleiche den Sitz im Boot immer mit dem passgenauen Sitz eines Skistiefels: so eng wie nötig, so weit wie möglich. Nur der dem Körper des Benutzers optimal angepasste Kajak oder Kanadier (und nicht andersherum) garantiert den reinen Fahrspaß.
Bei allen Kajaks werden Form und Beschaffenheit von Sitzschale, Rückengurt, Becken- und Fußstütze durch die Hersteller ständig weiterentwickelt und den Erfordernissen angepasst. Wenn alle Teile ergonomisch richtig geformt und positioniert sind, findet der Fahrer die Stellung und den Kontakt zum Boot, der für eine optimale, entspannte Fahrweise erforderlich ist. Deshalb muss die Fußstütze immer auf die individuelle Beinlänge einstellbar sein. Sitzschale und Beckenstütze müssen den anatomischen Gegebenheiten entsprechen, da

eine zu enge oder zu weite Sitzschale auf Dauer Komfort und Paddeltechnik negativ beeinflussen. Sie sollten deshalb beim Bootskauf nie auf ein sehr ausgiebiges Sitzen und Probefahren (dabei kommt es auf eine Minute mehr oder weniger nicht an) im Boot Ihrer Wahl verzichten, am besten mit voller Ausrüstung. Also inklusive Neoprenanzug, Paddeljacke, Schwimmweste und Spritzdecke. Sie werden es später auf langen Fahrten ansonsten bereuen, wenn Ihnen die Beine »einschlafen«. Im Kanadier stellt sich das Problem in dieser Schärfe nicht so dar; hier haben Sie in aller Regel genügend Platz, um dann und wann die Sitzposition zu ändern.

Doppel- und Stechpaddel

Die »Fahreigenschaften« eines Paddels sind ein komplexes Produkt vieler einzelner Faktoren. Aussagen wie: »Blätter mit Mittelrippe flattern« (oder auch nicht) sind Unsinn. Gute Paddel mit ausgewogenen Eigenschaften herzustellen, ist ein Handwerk, das nur wenige wirklich verstehen. Es ist ähnlich wie bei Ski, Fahrrad oder Tennisschläger: Allgemeine Eigenschaften kann man im Laden einigermaßen vorhersagen; wie gut ein Paddel wirklich ist, merkt man erst beim Gebrauch. Das Paddel, das »Werkzeug« des Kanufahrers, beeinflusst nicht nur den Fahrstil, sondern trägt auch ganz wesentlich zum Freizeiterlebnis bei.

Holzpaddel mit unterschiedlichen Blattformen

Holzpaddel

Wurden früher fast ausschließlich Holzpaddel angeboten, so hat sich heute das Angebot eindeutig in Richtung Kunststoff verschoben. Aber: Holz ist nicht gleich Holz. Schon gar nicht im Paddelbau.

Flautenpaddel für Badeboote und billige Wanderpaddel fräst man einfach aus einem kompakten Stück oder verleimten Fichtenlatten heraus. Nach oben sind der Handwerkskunst keine Grenzen gesetzt: Die Palette reicht vom meisterhaft gearbeiteten Stechpaddel aus Hartholz bis zum mehrfach verleimten Doppelpaddel. Je nach Anforderung wählen und kombinieren die Hersteller bestimmte Holzsorten. Teure Holzpaddel sind eine Sache für Liebhaber (ich fahre sie wirklich mit Vorliebe). Sie verlangen viel Rücksicht, Gefühl und Pflege – sonst verwandelt sich das Nobelteil nur allzu schnell in Sperrmüll.

Speziell für Marathon-, Touren- und Seekajakfahrten eignen sich Holzpaddel hervorragend. Ich kenne nur ganz wenige andere Paddel, die einem guten Holzpaddel bezüglich Auftrieb, Elastizität, Ausgewogenheit und Wärme ebenbürtig sind. Holzpaddel sind seit Tausenden von Jahren Antriebshilfe für Kajak und Kanadier. Eskimos und Indianer hatten wohl keinen anderen Werkstoff. Erst in neuester Zeit kamen die Hightech-Materialien des Raumfahrtzeitalters auch in den Paddelbau.

Kunststoffpaddel

Beim **Spritzguss** wird Kunststoff erwärmt und flüssig verarbeitet. Der Kunststoff wird in eine Hohlform gespritzt. Dort kühlt er ab und behält die neue Form. Das Blatt wird auf den Schaft aufgeschoben – fertig. Diese Paddel sind robust, preiswert und in erster Linie für den Verleih geeignet.
Hinter der Abkürzung RIM versteckt sich **»Reaction-Injection-Molding«**. Auch hier wird Kunststoff verwendet, der zunächst flüssig ist und nach einer chemischen Reaktion langsam aushärtet. Ein Verfahren, das zunächst in der Autoindustrie angewandt wurde. Gute RIM-Paddel sind fast unzerstörbar.
Composite-Blätter bestehen aus mehreren Materialien, die einen Verbund eingehen. Hartschaum wird an wichtigen Stellen mit Glasfaser- oder Karboneinlagen verstärkt. Die Stoßkante des Paddels ist mit einer Aluminium-Einlage versehen. Diese Bauweise ermöglicht hochwertige und steife Paddel mit geringem Gewicht. Wie bei einem Holzpaddel tragen sie ihr Eigengewicht, sobald man sie ins Wasser eintaucht. Eine angenehme Eigenschaft bei Langfahrten.
High-End-Paddel für das Kanuwandern bestehen aus Laminat. Ein Gewebe aus Fasern wie Kevlar, Karbon, Diolen oder Glas kommt in eine Form und wird mit flüssigem Kunstharz getränkt.
Nach einiger Zeit wird es hart. Man braucht viel Wissen und Erfahrung, um das Maximum guter Eigenschaften in der Kombination der Werkstoffe herauszuholen. Wenn alles fachmännisch abgestimmt und verarbeitet wurde, werden solche Blätter leicht, steif und schlagfest.

Schränkung, Drehung, Teilbarkeit

Unter Schränkung verstehen wir den Winkel, unter dem die Blätter des Doppelpaddels gegeneinander verdreht (geschränkt) sind. Diese Schränkung ermöglicht einen runden, fließenden, ergonomischen und funktionellen Bewegungsablauf. Für Touren- und Wildwasserpaddel empfiehlt sich eine Schränkung von ca. 80 Grad. Paddel sind auch deshalb geschränkt, damit man leichter gegen den Wind anpaddeln kann.
Je nachdem, welche Hand den Schaft festhält, unterscheiden wir rechts- und

Kanuwandern ist eine entspannende Möglichkeit, Natur pur zu erleben.

linksgedrehte Paddel. Wenn die rechte Hand beim Paddeln den Schaft festhält (und der Schaft sich in der linken Hand bewegt), dann ist es ein rechtsgedrehtes Paddel. Bleibt die linke Hand fest, ist es ein linksgedrehtes Paddel.
Um Paddel in Bus, Bahn oder Flugzeug besser transportieren zu können, werden sie geteilt. Üblich sind:

- 2-geteilte Tourenpaddel für Faltboote
- 3-geteilte Notpaddel für WW-Touren
- 2- und 3-geteilte Paddel für Schlauchboote

Teilbarkeits-Tipps:

- Wenn ein teilbares Paddel schon im Laden wackelt, wird es später noch mehr Spiel haben.
- Passungen zwischen Schaft und Hülse regelmäßig fetten.
- Teilbares Paddel immer geteilt lagern.
- Keinen Sand, Schmutz oder Beulen in die Passung kommen lassen.

Doppelpaddel-Blattformen

Gute Paddel mit ausgewogenen Fahreigenschaften sind Produkte vieler einzelner Faktoren. Allgemeine Eigenschaften eines Paddels kann der Kanu-Fachberater im Laden einigermaßen vorhersagen. Wie gut ein Paddel wirklich in der Hand liegt, merken Sie erst beim Gebrauch. An dieser Stelle einige grundlegende Infos:

- Tourenpaddel sind 215–230 cm lang.
- Tourenpaddel verfügen über asymmetrische, lange und schmale Blätter.

Je schmaler das Blatt ist, desto geringere Drehmomente entstehen beim flachen Eintauchen. Nochmals reduziert werden diese Drehmomente durch die Asymmetrie.

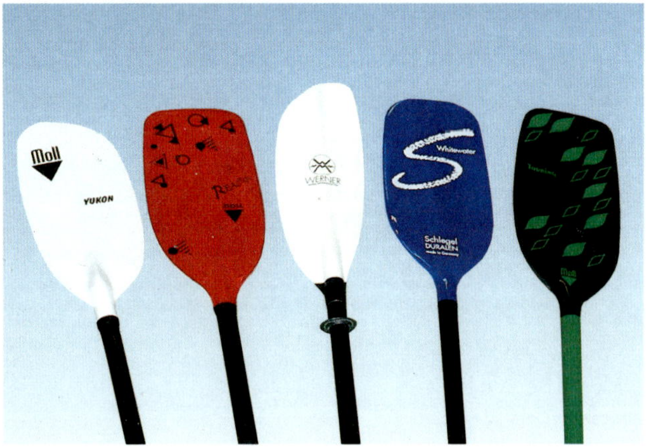

Unterschiedliche Blattformen beim Doppelpaddel

Stechpaddel-Blattformen

Die lange und schmale Form des Beavertails, des Biberschwanzes, macht dieses Paddel zum richtigen Blatt für lange Touren auf tiefen Gewässern, also auf Seen und Großflüssen. Die kleine Fläche bringt natürlich nicht so viel Druck; soll sie auch gar nicht. Gerade bei langen, ruhigen Touren werden Sie ein kleineres Blatt zu schätzen lernen. Viele tausend

Mal setzen Sie es jeden Tag ein, ohne dabei übermäßig zu ermüden. Lange und schmale Blätter eignen sich nicht für seichte Gewässer oder Flüsse, bei denen mit Grundkontakt zu rechnen ist. Da brauchen Sie ein kürzeres Paddel. Das Blatt muss dann etwas breiter sein, um die gleiche Wirkung zu erzielen. Damit haben wir die Form des klassischen Touren- und Allroundpaddels.

Unterschiedliche Blattformen beim Stechpaddel

Länge Stechpaddel

Wanderkanadier mit niedriger Sitzposition:	Körpergröße minus 30 cm
Wanderkanadier mit hoher Sitzposition und Schlauchkanadier:	Körpergröße minus 25 cm
Schmale Blätter (bis 16 cm breit):	5 cm länger
Breite Blätter (über 21 cm breit):	5 cm kürzer

(Bei Schlauchkanadiern wegen der breiten Wülste nicht unter 150 cm)

Länge Doppelpaddel

Gewässer	Art	Boot	Körpergröße/cm 160	160–175	175–190	über 190
Wildwasser, Kleinfluss	Alpin	Midsize-Boot	200	202	204–206	208
	Touring	4-Meter-WW-Boot				
Flüsse, Großgewässer	Touring	Wander-Zweier bis 68 cm breit	215	220	225	230
	Touring	Wander-Zweier 68–80 cm	220	230	230–240	240
	Touring	Wander-Zweier über 80 cm	230	230	230–240	240
	Touring	Wander-Einer	210	220	220–230	230
	Touring	Seekajak, K1, K2	stark vom Paddeltyp abhängig			

Paddel über 215 cm immer mit asymmetrischen Blättern.
Kleine Personen sollten in tiefen und breiten Booten hoch sitzen; wenn nötig etwas unterlegen.

Paddelschäfte

Holzschäfte fühlen sich fast immer warm an. Es gibt sie vom einfachen Rundstab bis zum mehrfach verleimten Edelschaft. Blankes Alurohr führt schnell zu kalten Händen. Daher überzieht man es mit Schrumpfschlauch oder dünnem Schaum (Softgrip). Softgrip eignet sich kaum für Wanderpaddel, da die Reibung an den Handinnenflächen auf langen Strecken zu stark ist. Die Folge: Blasen an den Händen.

Unterschiedliche Varianten bei Doppelpaddelschäften

Auch ein Holzschaft verursacht, wenn er nicht gepflegt wird, leicht Blasen. Irgendwann ist der Lack an den Griffen durchgewetzt oder bekommt Risse. Da hilft nur Abschleifen und neu lackieren oder eine fachgerechte Behandlung mit Holzöl und/oder Wachs.

Alle Schäfte »flexen« mehr oder weniger. Das heißt, sie verbiegen sich ein bisschen bei jedem einzelnen Paddelschlag. Ein elastischer Paddelschaft nimmt Energie auf. Sie geht nicht verloren, sondern wird größtenteils gespeichert – ähnlich wie im Stabhochsprung. Je steifer der Schaft, desto direkter das Fahrverhalten des Paddels. Wenn jedoch mal mit Grundkontakt zu rechnen ist, dann ist es gut, falls ein elastischer Schaft die Lastspitzen etwas mildert. Elastizität erhöht damit nicht nur die Lebensdauer des Schaftes, sondern auch die der Blätter, und sie schützt die Gelenke des Fahrers vor Überlastung.

Stechpaddel-Griffe

Beim Tourenpaddeln im Kanadier hat sich der Palmgriff (palm grip) bewährt. Palm ist das englische Wort für Handfläche.

Beim Palmgriff kann sich die Hand richtig um das Formteil rollen. Diese Griffe sind auf langen Touren angenehm, weil sie ein unverkrampftes Halten des Paddels über viele Stunden ermöglichen.

Unterschiedliche Varianten bei Stechpaddel-Griffen

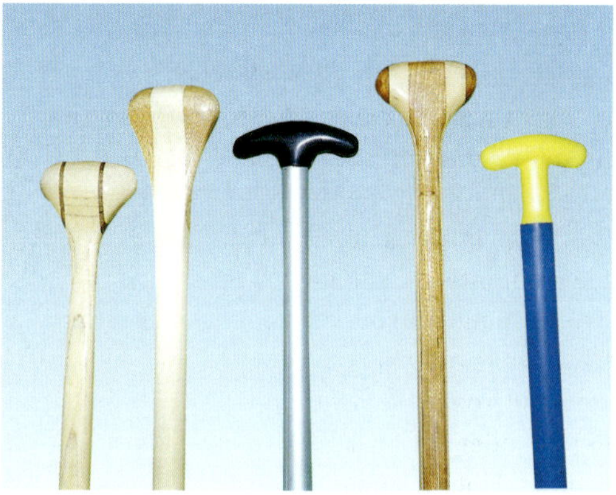

Ausrüstung und Zubehör

Spritzdecke und Persenning

Egal, welche Spritzdecke Sie auch benutzen: Probieren Sie vor der ersten Fahrt immer, ob Sie die Spritzdecke im Ernstfall ohne Probleme vom Süllrand lösen können. Klemmen Sie die Aufreißschlaufe nicht zwischen Decke und Süllrand. Sie muss jederzeit von außen zu erreichen sein. Die beim Kanuwandern im Kajak üblichen verstellbaren Spritzdecken bestehen aus der über dem Süllrand gespannten Decke und dem am Körper anliegenden Kamin. Sie passen auf die verschiedensten Bootstypen und lassen sich auf unterschiedliche Körpergrößen einstellen. Wichtig: Die Decke muss faltenfrei am Süllrand sitzen, um dicht zu halten. Der gute Sitz wird durch an die Decke genähte Rundgummis erreicht. Das Material der Decke besteht entweder aus geschmeidigem, doppelseitig beschichtetem Kunststoff oder aus Neopren. Neopren hält schön warm, benötigt aber längere Zeit zum Trocknen. Verstellbare Spritzdecken sitzen nicht so fest wie die speziell für einen Bootstyp angepassten Decken. Viele der offenen Kanadier können mit einer Persenning aus Baumwolle oder Kunststoff versehen werden, die das Boot vor Regen- oder Spritzwasser schützt. Eine Persenning kann, wenn es die Konstruktion erlaubt, zusätzlich mit einer dicht abschließenden Spritzdecke ausgestattet werden, so dass auch leichtes Wildwasser befahren werden kann, ohne dass Wasser ins Boot dringt.

Schwimmweste

Eine Schwimmweste (präziser: Schwimmhilfe) erleichtert das Schwimmen, stellt aber keinen Schutz vor Ertrinken dar. Für Anfänger im Kanu ist sie ein absolutes Muss. Sie wird grundsätzlich, insbesondere aber auf großen, kalten Flüssen und Seen getragen. Die Schwimmweste hält nicht nur über Wasser, sondern schützt zum Teil vor Unterkühlung. Schwimmwesten sind immer und auf jeden Fall obligatorisch für Kinder, die im Kanu mitfahren.
Die gebräuchlichen Schwimmhilfen beim Kanuwandern sind Feststoffwesten. In das Nylon-Obermaterial

Schwimmwesten schützen nicht vor Ertrinken!

sind geschlossenzellige Schaumteile eingenäht. Diese Schaumelemente sind übrigens relativ hitze- und druckempfindlich. Also die Weste am Lagerfeuer nicht als Sitzkissen benutzen. Im Laufe der Zeit schrumpfen Schwimmwesten und verlieren an Auftrieb. Daher sollte von Zeit zu Zeit der Auftrieb geprüft werden.

Tipp:
Wie finden Sie die passende Schwimmweste? Im Laden probieren Sie eine Spritzdecke und Paddeljacke, setzen sich ins Boot und testen die Bewegungsfreiheit. Wenn die Weste gut passt und nicht scheuert, haben Sie wahrscheinlich die richtige erwischt.

Wanderfahrer sind mit einer Standard-Rippen- oder Plattenweste gut bedient, die auf jeden Fall an der Brust, an der Hüfte oder im Schritt einen fest verschließbaren Gurt aufweisen sollte. Der verhindert, dass die Weste über den Kopf rutscht. Da ein großer Teil der Kanu-Unfälle an Wehren passiert (Wehranlagen werden leider von Anfängern in ihrer Gefährlichkeit fast immer unterschätzt), steht mit dem fixierbaren Brustgurt (der auf dem Rücken des Fahrers einen Karabiner o.ä. hält) auch ein wichtiges Sicherheitselement zur Verfügung: An ihm kann ein Bergungsseil befestigt werden.

Lenzgefäß

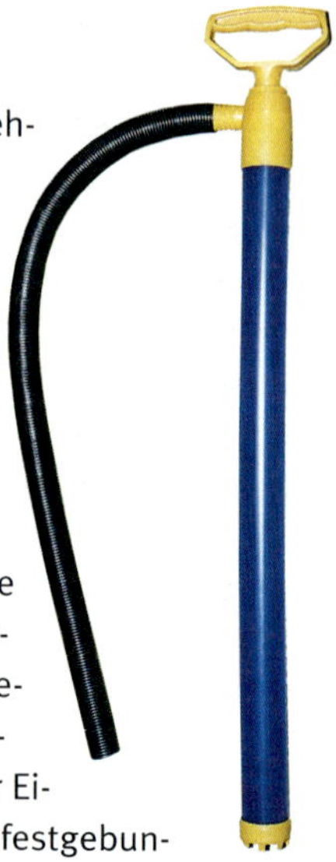

In ein Kanu passen mehrere hundert Liter Wasser. Um ein Boot im Wasser oder an Land zu leeren, benötigen Sie ein Lenzgefäß oder eine Lenzpumpe. Das Gefäß sollte entsprechend groß sein (Kajak: große Plastiktasse, besser eine schräg abgeschnittene Plastikdose mit Riemen; Kanadier: kleiner Eimer o.ä.) und im Boot festgebunden werden. Ein Schwamm leistet bei verbleibenden »Pfützen« gute Dienste.

Wurfsack

Der Wurfsack ist das wichtigste Rettungsgerät bei Wanderfahrten auf kleinen und mittelgroßen, schnell strömen-

den Flüssen. Sie brauchen ihn zur Rettung eines Schwimmers aus Rückläufen an Wehren oder aus Hindernissen im Stromzug (querliegende Bäume). Das im Wurfsack enthaltene Seil dient auch zum Sichern eines angeseilten Helfers, zur Rettung eines Schwimmers aus der Flussmitte oder zum Queren der Strömung. Auch bei der Bergung von Kajaks oder Ausrüstungsteilen waren Wurfsäcke schon in unzähligen Fällen eine wertvolle und wirksame Hilfe.

Kenter- und Treidelleine

Wer schon einmal im Kanu kenterte, weiß, wie schwer ein vollgelaufenes Boot zu bergen ist. Da kann ein Wurfsack helfen, der auf dem hinteren Oberdeck befestigt ist und als Kenterleine dient. Zur Befestigung des Wurfsacks eignet sich ein ca. 5 mm starkes Gummiseil, das Sie für wenig Geld im Fachhandel bekommen. Damit lassen sich die meisten Boote gut ausstatten. Das Seil wird am Heck befestigt. Bei einer Kenterung greifen Sie sich den Wurfsack, lösen ihn vom Boot und schwimmen ans Ufer. Ohne Boot brauchen Sie nur einen Bruchteil der Zeit. Sobald Sie festen Stand haben, ziehen Sie das Boot nach. Der Wurfsack ist gleichzeitig eine stets griffbereite Wäsche-, Treidel- und Festmacherleine. Sparen Sie nicht an Ihrer Sicherheit: Wer statt einem Wurfsack nur ein loses Seil benutzt, lebt gefährlich. Zu groß ist das Risiko, sich in diesem Seil zu verhängen und zu verunglücken. Davon, dass ein loses Seil im entscheidenden Moment ohnehin verknotet ist, will ich gar nicht erst reden …

Auftriebskörper

Läuft ein gekentertes Kanu voll Wasser, wird es den Gesetzmäßigkeiten der Physik folgen und sinken, wenn nicht von Auftriebskörpern getragen. Schnell landen da mehrere tausend Mark auf dem Grund des Flusses. Also: Immer sollten Kanus mit Auftriebskörpern (aufgeblasenen Spitzenbeuteln oder Luftschläuchen) versehen sein. Kajaks weisen nur gelegentlich eingebaute Abschottungen auf, Kanadier so gut wie nie. Auftrieb bedeutet Sicherheit und ist gleichzeitig eine gute Versicherung gegen Totalverlust.

Kniepolster

Kniepolster sind im Kanadier ein Muss, wenn Sie den Kanadier optimal steuern wollen und deshalb darin längere Zeit knien. Knieschoner aus einem Baumarkt sind brauchbar. Größere Polster, die das Schienbein mitstützen, sind besser. Der Schaum sollte wasserabweisend und daher geschlossenzellig sein.

Kleidersäcke

Wasserdichte Kleidersäcke gehören zur Grundausstattung und werden in den unterschiedlichsten Formen, Farben und

Größen angeboten. Eine bequeme und praktische Lösung zugleich bietet das Wet-Pack: In diesen wasserdichten Kleidersack ist eine Fußmatte eingebaut, auf der Sie sich prima umziehen können, ohne dass anschließend der Sand unter den Füßen klebt.

Weithalsflaschen bzw. tonnenförmige Behälter aus PE ergänzen das Angebot an wasserdichten Verpackungen. Sie sind sehr robust, aber leider etwas unpraktisch beim Verstauen im engen Kajak. Im offenen Kanadier hingegen sind sie locker unterzubringen.

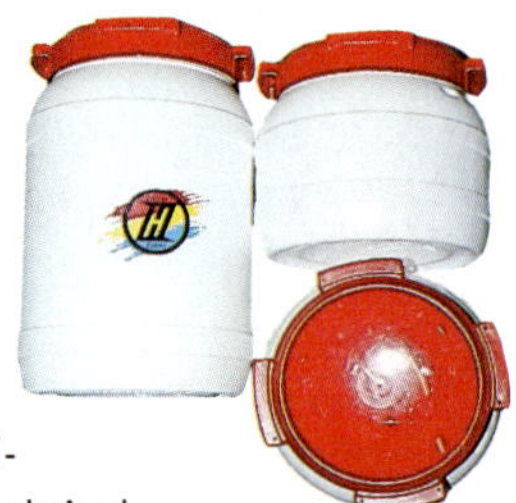

Fototaschen

Viele Kanuten haben eine Kamera an Bord, um die schönsten Momente einer Tour festzuhalten. Das Angebot an wasserdichten Fototaschen und -behältern ist riesig. Einer der Marktführer in diesem Bereich und eine gute Empfehlung für den Paddler, der seine wertvolle Kamera schützen möchte: Pelicase. Dieser »Koffer« ist wasserdicht, nahezu unverwüstlich, mit einfach zu bedienendem Schnappverschluss. Der Schaum im Innenteil der Pelicase kann ausgeschnitten und so ganz individuell der gesamten Ausrüstung angepasst werden. Die Pelicase wird in verschiedenen Größen angeboten – von der Kompaktkamera bis zur umfangreichen Spiegelreflex-Ausrüstung findet alles seinen Platz.

Flicken und Reparieren

Grundausstattung für kleinere Reparaturen an Bord und an Land ist eine breite Rolle textiles Klebeband. Damit kann auf die Schnelle fast jeder Defekt behoben werden.

Wer schon eine Weile paddelt, weiß: Neopren ist leider gar nicht so stabil, wie es zunächst wirken mag. Aber es macht seinen Job – verarbeitet zu Paddelbekleidung oder Spritzdecken – immer noch besser als andere Materialien. Also ist es sinnvoll, sein Neopren zu reparieren, wenn es mal gerissen ist oder gar Löcher aufweist. Das Handwerkszeug: Neoprenkleber, Aquasure und Streichhölzer. Dafür aber Hände weg von Nadel und Faden. Erstens hält es nicht vernünftig, und zweitens ist das Neopren danach so wasserdicht wie ein Sieb. Übrigens: Was wir hier unter Neopren verstehen, ist eine Schicht geschäumtes Neopren, das ein- oder beidseitig mit Nylongewebe o. ä. beschichtet (kaschiert) ist.

Spezielle Neoprenkleber gibt es in Kanu-, Surfer- oder Taucherläden, sowie auch in den meisten Baumärkten. Man trägt sie auf die Innenseite eines Risses auf, lässt sie etwa 15 Minuten antrocknen und drückt sie dann zusammen. Nach weiteren 10 Minuten ist der Kleber trocken. Die Reparatur hält noch besser, wenn man am Ende des Risses das ausgefranste Nylongewebe auch noch überschmiert. Wer Löcher im Neopren stopfen will: Dafür gibt es eine spezielle Paste, z. B. »Aquasure«. Damit zu hantieren ist eine ziemliche Schweinerei. Das Zeug klebt wie heißer Teer, stinkt und ist erst nach etwa 24 Stunden trocken. Eine angebrochene Tube trocknet in spätestens einem Monat aus. Doch diese Kleber auf Urethanbasis verfügen über erstaunliche Fähigkeiten: Sie haben Füllkraft. Zur Reparatur eines Loches im Neopren klebt man die eine Seite mit Gewebeband zu und füllt dann das Loch aus. Und dann lässt man das Werkstück mindestens noch 24 Stunden flach liegen.

Tipp:

Streichhölzer sind wunderbare Werkzeuge, um den Kleber dort zu verteilen, wo er hingehört. Und sie sind so billig, dass man sie wegschmeißt, bevor verschmierte Finger und Hände am Tischtuch festkleben. Alternative und bevorzugtes Werkzeug eines befreundeten Sportkameraden: Pfeifenreiniger!

Bekleidung

Eine funktionelle **Paddeljacke** ist die Basisausstattung. Auch hier ist die Auswahl riesengroß. Nehmen Sie sich viel Zeit beim An- und Ausprobieren. Wichtiges Kriterium ist der Halsabschluss. Nichts ist nerviger als eine kratzende Naht oder ein pieksender Klettverschluss. Die Bündchen an den Ärmeln sind verstellbar. Eine Kapuze ist o. k., aber nicht unbedingt erforderlich, wenn eine Haube, Mütze oder der Sombrero mit dabei ist.

Paddelhosen ergänzen bei Kanutouren die Funktion der Paddeljacke. Sie sind aus dem gleichen Material wie die Jacken und an Knien und Hosenboden zusätzlich verstärkt. Die Passform ist im Knien oder Sitzen zu erproben. Latzhosen sind besonders funktionell.

Bei kaltem Wetter werden die Hände in kürzester Zeit zu unbeweglichen, gefühllosen Krallen. Die einfachsten

An sonnigen Tagen auf glasklaren Flüssen unterwegs – Paddlers Paradies

Handgriffe können dann nicht mehr ausgeführt werden. So genannte **Paddelpfötchen** bringen Hilfe. Sie werden mittels Klettband im Griffbereich des Paddels angebracht. Sodann schlüpfen Sie mit den Händen hinein. Sie sind jetzt gut vor Wind und eisigem Wasser geschützt.

Als geeigneter **Schuh** für Wanderfahrer sind die in den letzten Jahren auf den Markt gekommenen River-Sandals besonders interessant. Robustheit, geringes Gewicht und griffige Sohle sind die Pluspunkte dieser Schuhe. Neopren-Füßlinge rüsten jeden Turnschuh zum Kanuschuh um. Nachteil dieser Lösung: Die Träger dieser Füßlinge geben sich abends nach dem Ausziehen der Socke als Stammesmitglied der Schweißfuß-Indianer zu erkennen ...

Was braucht der Einsteiger?

Natürlich kann der Einsteiger auf dem Markt hochpreisige Kajaks und Kanadier, Paddel und Zubehör erstehen. Die Frage ist aber, ob sich solche Investitionen lohnen. Denn die Kosten für höherwertige Boote liegen zum Teil deutlich über den »normalen« Preisen. Edles Material (Kevlar, Karbon, Mahagoni) und aufwendige Handarbeit rechtfertigen Preise bis zu

4.000,– € für einen Kanadier und ca. 2.000,– € für einen Kajak. Gleiches gilt für Paddel (bis ca. 300,– €) und Schwimmwesten (bis ca. 250,– €).
Eine Gelegenheit, preisgünstig Boote und Zubehör zu erwerben, sind die Kanu-Flohmärkte, die im Frühjahr und Herbst von Vereinen und Händlern veranstaltet werden. Hier wird von privat an privat so manches Schnäppchen gehandelt. Warnen möchte ich allerdings vor so genannten Sonderangeboten, insbesondere für Faltboote. Meist handelt es sich dabei um Faltboote, die aus zweitklassigen Materialien hergestellt wurden. Die Bootshaut ist unter Umständen weniger geschmeidig, empfindlicher und viel schwerer. Das erhöht das Gewicht des Bootes unnötig. Wichtiges Qualitätsmerkmal ist, dass die Verarbeitung an den Verbindungsnähten zwischen Haut und Oberdeck einwandfrei ist. Alle Holzteile sollten mehrfach lackiert sein, um einen schnellen Alterungsprozess zu vermeiden.

Anschaffungskosten

Wer sich für den Kanusport entscheidet, benötigt als Einsteiger folgende Grundausrüstung (alles Zirkapreise für neuwertige Ware):

Kanadier	1.000,– €
Stechpaddel	50,– €
Spritzdecke	50,– €
Schwimmweste	90,– €
Paddeljacke	60,– €

Kajak	900,– €
Doppelpaddel	90,– €
Spritzdecke	50,– €
Schwimmweste	90,– €
Paddeljacke	60,– €

Für weiteres Zubehör wie Wurfsack, Kleidersack und Fototasche sind noch einmal etwa 200,– € hinzuzurechnen.

Welche Anschaffung ist unnötig? Diese Frage ist vielleicht noch schwerer zu beantworten als die im vorhergehenden Abschnitt aufgeworfenen Fragestellungen. Generell hat die Beantwortung direkt mit der Erfahrung und dem Könnensstand des Kanu-Begeisterten zu tun.
Allgemein gilt: Die Ausrüstung muss dem Vorhaben angepasst sein. So, wie es beispielsweise wenig Sinn macht, auf Salzwasser in einem Wildwasserboot für längere Zeit unterwegs zu sein, gilt dies auch umgekehrt. Nochmals und ganz eindringlich: Erfahrung, Sicherheit und Können sind nicht käuflich. Für sicheres Unterwegssein sind Sie selbst verantwortlich.

Zehn Goldene Einsteigertipps

Kanuwandern kostet zwar kein Vermögen, aber auch hier will das sauer verdiente Geld richtig angelegt sein. Wer als Neuling in das feucht-fröhliche Vergnügen einsteigt, ist oft genug auf die Empfehlungen eines Fachhändlers angewiesen (was er wirklich weiß, wird er nicht immer gerne sagen). Hier ein paar Tipps, woran Sie einen guten Kanu-Fachhändler erkennen:

1. Er stellt viele Fragen; z. B.: »Wo und wie oft wollen Sie mit dem Kanu unterwegs sein?«
2. Er nimmt sich ausreichend Zeit für die Beratung und antwortet geduldig auf alle Fragen.
3. Beim Bootskauf bietet er Testfahrten an.
4. Er gibt Ihnen die Möglichkeit, die Ware im Laden an- bzw. auszuprobieren.
5. Er kennt Vor- und Nachteile einzelner Produkte und verzichtet auf leere Sprüche wie: »Diese Schwimmweste steht Ihnen besonders gut!«
6. Der Laden ist aufgeräumt und klar gegliedert.
7. Der Fachhändler führt Markenware in seinem Sortiment.
8. Er beschränkt sich auf ein vernünftiges Maß an Lieferanten, führt von denen jedoch das komplette Programm.
9. Er bietet einen Reparaturservice an.
10. Er ist selbst Kanute (fragen Sie ruhig danach!).

Theorie ist praktisch

Auch dieses Buch kann den Zugang zur Kanupraxis erleichtern, aber keinesfalls das Üben in Kajak oder Kanadier ersetzen. Wer Kanuten im Bekanntenkreis hat, ist fein raus. Er wird sicher sehr umfassend und sorgfältig in die Geheimnisse des Kanusports eingeführt. Eine Alternative ist der Kanuverein. Der Deutsche Kanu-Verband (DKV) in 47055 Duisburg, Postfach 10 03 15, nennt Ihnen auf Anfrage den in Ihrer Nähe liegenden Verein. Hier reichen die Angebote von Schnupperkursen am Wochenende bis zu ausgedehnten Wanderfahrten in der Ferienzeit.

Wer keine Vereinsmeierei mag, ist mit einer kommerziellen Kanuschule gut beraten. Der Verband Deutsche Kanuschulung (VDKS), Hohenburgstr. 86, 45128 Essen, hält entsprechendes Adressenmaterial parat.

Eine letzte Möglichkeit, Kontakte aufzunehmen: Die »Kanu-Fachberater«, ebenfalls über den DKV zu erfragen, bieten in ihren Kanu-Shops neben der versierten Materialberatung gegen Gebühr auch praktisches Üben an. Hier haben Sie den Vorteil, dass Sie Material der verschiedensten Hersteller erst einmal testen können, bevor Sie eine Kaufentscheidung treffen.

Ist Kanufahren gefährlich?

Kanufahren ist nicht schwieriger und nicht gefährlicher als jeder andere Freizeitsport, vorausgesetzt, wir vergessen nicht, sensibel zu werden für spezifische Kanu-Gefahren. Die gibt es natürlich, so wie überall im Leben. Aber wir dürfen uns nicht verrückt machen lassen von irgendwelchen Horrormeldungen bestimmter »Journalisten«, die aus reiner Geschäftemacherei die Dinge maßlos übertreiben. Tatsache ist, dass hier oft bodenloser Leichtsinn mit im Spiel ist. Oft genug sind Angeberei, Alkohol und die völlige Überschätzung der eigenen Möglichkeiten Auslöser für Unglücksfälle. Eine gründliche Ausbildung beugt hier vor und vermittelt zudem mehr Freude und Genuss an dieser Sportart.

Kanufahren ist ein Lifetimesport, der bereits im Grundschulalter erlernt und bis ins hohe Alter ausgeübt werden kann. Voraussetzung: gute Schwimm- und Tauchfertigkeiten sowie ein wenig Ausdauer.

Kanufahren in Verein, Schule oder Kanuschule

Auf den ersten Blick macht das keinen großen Unterschied: Sportgerät, Wasser, Wetter, Landschaft und Umwelt, Reize und Gefahren sind gleich, egal, ob Sie das Kanufahren im Verein, in der Schule oder in einer kommerziellen Kanuschule lernen. Bei einem Kanukurs geht es aber nicht nur um das Erlernen von Fahrtechniken. Er soll auch ein intensives Gruppenerlebnis vermitteln. Daneben gewinnen Themenbereiche wie Naturschutz und Ökologie zunehmend an Bedeutung.

Im Kanukurs geht es auch um den bewussten Umgang mit der Natur. Auf der Soca/ Slowenien.

Kanukurse werden durch die Vereine des Deutschen Kanu-Verbandes (DKV), während des außerunterrichtlichen Schulsports oder durch Kanuschulen angeboten.
Im Verein unterrichten meist ehrenamtliche Übungsleiter das Kanufahren von der Pike auf. In Kanuschulen unterrichten professionelle Kanulehrer. In beiden Fällen garantiert die Ausbildung Sicherheit beim Kanufahren. Gute Kanuschulen stellen Top-Ausrüstung, die meist im Kurspreis enthalten ist. Hier können Sie alles erst einmal in Ruhe ausprobieren, bevor Sie sich eine komplette Ausrüstung zulegen.
Vereine und Kanuschulen legen großen Wert auf ökologisches Paddeln. Beim DKV und beim Verband Deutsche Kanuschulung (VDKS) werden Kanulehrer auch in Sachen Umwelt- und Naturschutz ausgebildet. Allen Institutionen in Sachen Kanuausbildung kommt angesichts drohender Flusssperrungen eine immer größere Bedeutung zu. Sie tragen in Zukunft die Mitverantwortung für das Miteinander von Naturschützern und Naturnutzern am Lebensraum Fluss und See. Nur gut ausgebildete und informierte Kanuten verhalten sich entsprechend verantwortungsbewusst.

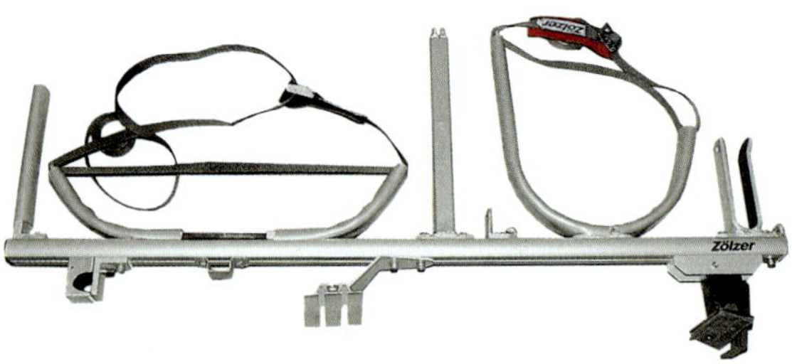

Bootstransport per Auto

Nur speziell für den Bootstransport ausgelegte Dachträger sollten verwendet werden. Das ist manchmal nicht so einfach, da inzwischen fast jeder Autohersteller sein eigenes System anbietet, das jeweils nur für einen Autotyp passt. Und an Kanuten denken Autohersteller herzlich wenig. Folglich sind die wenigsten serienmäßigen Dachträger sofort für den Bootstransport geeignet. Aber keine Bange: Der Kanu-Fachhändler weiß Rat. Er hat Rüstsätze auf Lager, die (fast) jeden Wunsch befriedigen. Die Traversen werden zum Beispiel ergänzt durch flach aufliegende Profile mit angeschweißten, frei beweglichen Gurtösen, senkrecht stehenden Trägern mit fixierten Gurtösen oder mit integrierten Formschalen. Nicht immer sind sie aus hochwertigem, nichtrostendem Edelstahl gefertigt.
Auf lange Sicht ist es jedenfalls die preiswertere und bei weitem sicherste Lösung. Vergewissern Sie sich, dass Dachträger und Aufbauten aus diesem Material gefertigt sind. Man erhält sie in allen Fachgeschäften des Kanuhandels. Meiden Sie Sonderangebote der Verbrauchermärkte. Sie gefährden sich selbst und andere.
Ein Kajak übersteht den Transport gut, wenn er in Mulden oder hochkant auf der Seite liegt. Kanadier werden fast immer auf dem Kopf liegend mit dem Süllrand nach unten transportiert. Benutzen Sie spezielle Transportgurte mit Roll-

schnallen aus Edelstahl, aber niemals Gummibänder oder Expander. Der beste Dachträger nützt nichts, wenn die Kajaks nicht einwandfrei verzurrt sind. Bug und Heck werden stets mit Seilen an der Stoßstange oder an den Abschleppösen gesichert. Die beste denkbare Verzurrung ist allerdings nahezu wertlos, wenn bei Tempo 100 und mehr eine Vollbremsung nötig wird. Daher: defensiv und möglichst vorausschauend fahren!
Überschreiten Sie die zulässige Dachlast nicht! Durch eine hohe Dachlast ändert sich das Fahrverhalten des Wagens beträchtlich. Ebenso verlängert sich der Bremsweg. Passen Sie die Fahrweise der entsprechenden Dachlast an und verzurren Sie diese so sicher wie möglich. Ich spreche aus Erfahrung ...
Übrigens lässt sich beim Transport mehrerer Boote auf dem Dachträger das seitliche Ausscheren von Bug oder Heck durch das Abbinden mit einem Seil verhindern. Dieses Seil wird nach unten an der Stoßstange oder der Schleppöse abgespannt. Paddel werden am sichersten und schonendsten im Pkw untergebracht oder auf dem Dachträger gesondert befestigt. Auch anderes Zubehör nicht im Boot belassen, weil dadurch die Dachlast unnötig steigt. Wenn Sie den Luftwiderstand und somit den Spritverbrauch senken wollen, sollten Sie die Sitzluken abdecken. Dies geschieht entweder mit der nach innen zugebundenen Spritzdecke oder mit speziellen Lukendeckeln.

Aus Sicherheitsgründen hat der Gesetzgeber eine Limitierung der überstehenden Enden beim Bootstransport auf dem Auto durchgesetzt. So dürfen die Boote vorn und seitlich nicht über den Grundriss des Fahrzeugs hinausragen. Laut Straßenverkehrsordnung ist das Überragen nach hinten bis zu 1 Meter erlaubt. Dies gilt auch für Fahrzeuge mit Hänger. Diese müssen außerdem das Tempolimit von 80 km/h einhalten. Achtung bei Kurven mit Hänger und/oder bei hoher Dachlast. Bleiben Sie unter der lokal gültigen Höchstgeschwindigkeit.
Es ist entspannender, sicherer, und Sie brauchen weniger Sprit.

Bootswagen

Wer mit dem Kanu wandert, wird auch über einen brauchbaren Bootswagen verfügen. Zum Umfahren von Staustufen, für den Transport vom oder zum Bahnhof ist der Bootswagen für Kajak und Kanadier ausgesprochen nützlich. Gut konstruierte Bootswagen sind

Rechte Seite: Auf der ruhig fließenden Osterau: ideal für Einsteiger

robust, leichtgewichtig und einfach zusammenzulegen. Die Belastungsfähigkeit eines Bootswagens reicht von 60 Kilogramm für einen Einerkajak mit Gepäck und endet bei 150 Kilogramm für einen vollgepackten Kanadier.

Knoten

Beim Verbinden von Leinen untereinander, beim Festmachen des Kanus an Land, Schiff oder Anlegesteg, zur Befestigung von Leinen am Boot benutzen wir die gängigen Knoten. Seemannsknoten sind einerseits sehr fest und andererseits leicht zu lösen.

➤ Der **Achtknoten** ist vielseitig verwendbar für Seilschlingen, zum Verbinden zweier Seile und als Befestigungsknoten. Auch im nassen Zustand ist er leicht lösbar.

➤ Der **Mastwurf** ist ein Klemmknoten, der nur hält, wenn auf einem Ende Zug entsteht. Er dient als Karabinerfixierung im Seil und als Befestigung an Bäumen. Nach der Entlastung ist er leicht zu öffnen. Vor der Belastung muss der Knoten fest angezogen werden.

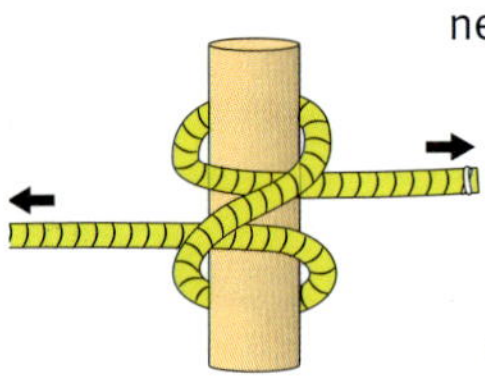

➤ Der **Prusikknoten** ist ein beidseitig verschiebbarer Klemmknoten. Wichtig ist an diesem Knoten, dass das Prusikknotenteil wesentlich dünner als das Hauptseil ist.

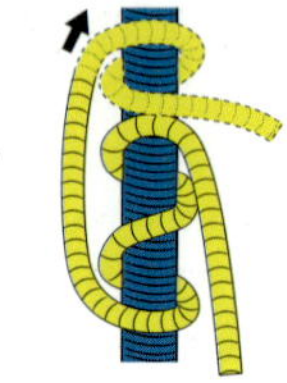

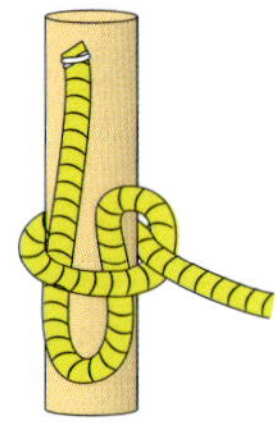

➤ Der **Slipstek** ist geeignet zum Festmachen des Bootes an Bäumen, Pfählen und Poller. Er ist, egal ob nass oder trocken, immer leicht aufzuziehen.

➤ Der **Palstek** ist ein Knoten, der sich unter Belastung nicht zuzieht und leicht zu lösen ist. Er ist mein »Lieblingsknoten« und einer der universellsten Knoten mit nicht laufender Schlaufe. Mit ihm lassen sich fast alle Knotenprobleme lösen.

➤ Der **Kreuzknoten** wird verwendet, um zwei Leinen miteinander zu verbinden. Und eine lange Leine brauchen Sie beim Kanufahren immer wieder einmal – sei es beim Anlanden, in der Schleuse oder beim Treideln.

Grundlagen für Einsteiger

Bevor es jetzt an die Grundlagen der Techniken für Wanderer im Kanu geht, möchte ich schnell noch ein paar Bemerkungen loswerden, die mir unter den Nägeln brennen. Lehrbücher, also auch dieses Buch, das Sie nun gerade in den Händen halten, können letztlich nur eine bescheidene Hilfe, ein wenig Animation und fachliche Unterstützung im Lernprozess sein. Das ist wenig und viel zugleich – je nachdem, mit welchem Blickwinkel Sie ein solches Werk betrachten. Viel wichtiger (ausgenommen Sie sind waschechter Autodidakt) sind jedoch die fachlich und menschlich kompetenten Übungsleiter, Trainer und Kanulehrer. Diese hauchen einem solchen Buch mit ihrer Umsetzung auf dem Wasser und im Kanu Leben ein.
Selbstverständlich können Sie als Kanu-Einsteiger früher oder später durch Ausprobieren, Abgucken sowie Versuch und Irrtum dorthin gelangen, wo Sie hin möchten. Das gilt allerdings lediglich für den See oder ein ganz langsam fließendes Gewässer. Schon Gegen- oder Seitenwind kann manche Fahrtroute verblasen: Vom Winde verweht ... Daher empfehle ich Ihnen: Auch wenn Sie weder extremes Wildwasser noch Marathonrennen fahren wollen, weder exotische Expeditionen noch intensiven

Leistungssport betreiben wollen, versuchen Sie, die Grundlagen und darauf aufbauend die feinen Nuancen des Kanusports zu verstehen und zu erlernen. Nur so sind Sie später in der Lage, diesen wunderbaren Sport richtig auszuüben und letzten Endes auch zu genießen.

Sie werden vielleicht entgegnen: »Ich will doch lediglich ein wenig Binsenbummeln, warum muss ich denn das alles lernen?« Dazu zwingen kann ich Sie natürlich nicht, will ich auch nicht. Aber etwas gut zu können macht Spaß. Und Sie wollen doch an diesem Sport, in den Sie schon jetzt viel Zeit und Geld investiert haben, reichlich Freude haben. Es muss ja nicht gleich alles so perfekt sein, dass es lehrbuchmäßig aussieht. Nach dem Motto »Der (Lern-) Weg ist das Ziel« werden Sie vielleicht sogar mit großem Vergnügen die Paddelschlagtechniken und die damit verbundene Bootsbeherrschung erlernen. Irgendwann wird dann wie von selbst der Funke der Kanu-Faszination überspringen.

Auch ich wurde erst so richtig vom Kanu-Virus befallen, als ich beim Kanuslalom, der »Hohen Schule« des Kanusports, die Schlagtechniken in verzwickten Torfolgen anwenden musste. Es bereitete mir großes Vergnügen, mein Sportgerät elegant und effizient zugleich zu handhaben. Gekonntes Kanufahren ist außerdem sicherer und auch naturverträglicher. Sie werden künstlichen und natürlichen Hindernissen wie Motorschiffen und querliegenden Bäumen gezielter ausweichen, leichte Wildwasser kontrollierter befahren und Gekenterten besser helfen können. Sie werden nicht mehr hilflos irgendwohin treiben und genau dort ausbooten, wo es der Ufervegetation nicht schadet. Fazit: Sie erfahren sich gekonnt neue Ufer und neue Welten. Und dies mit Sicherheit und Vergnügen.

Technik des Kanufahrens

Bevor es an die Paddelschlagtechniken in Kajak und Kanadier geht, möchte ich Ihnen einige grundsätzliche Einsichten in elementare Funktionen und Verhaltensweisen im Kanu mit auf den (Wasser-)Weg geben. Damit meine ich beispielsweise die Körperhaltung im Boot, die Art und Weise, wie Sie die äußeren Kräfte, die auf Ihr Kanu einwirken, ausgleichen, wie Sie Ihre Kraft über das Paddel im Wasser umsetzen und so das Boot antreiben und steuern. Zurückgreifend auf meine gesammelten Erfahrungen als Kanuwanderer, Leistungssportler und Trainer kann ich Ihnen bestätigen, dass es oft genug an sehr grundsätzlichen Fehlern liegt, wenn Sie als Fortgeschrittener relativ schnell an Ihre technischen Grenzen stoßen. Wer Bohnen sät, wird keine Rosen pflücken.

Zentrieren

Oberkörper gerade und aufrecht, leicht nach vorne gebeugt

Schon als Kind habe ich in der Schule dankenswerterweise von meinen Lehrern gelernt, aufrecht zu sitzen. Und heute gebe ich das gerne in der Schule und auch im Kanu an meine Schüler weiter. Falls Sie einmal bei leistungssportlichen Wettbewerben im Kanurennsport zugeschaut haben sollten: Ihnen wird aufgefallen sein, wie gerade die Sportler in ihren Booten sitzen, bemüht um eine zentrale und somit optimale Ausgangsposition. Sie fahren kraftvoll und trotzdem entspannt. Daher ist die aufrechte Haltung, verbunden mit leichter Vorbeuge, die Grundlage für effektives und ermüdungsfreies Paddeln. Ein befreundeter Orthopäde bestätigte mir, dass bei einer aufrechten Körperhaltung im Boot keine unphysiologischen Belastungen auftreten. Ihr Orthopäde wird Ihnen deshalb ebenfalls den gleichen Tipp geben, falls Sie ihn nach der optimalen, wirbelsäulenfreundlichen Haltung im Boot fragen sollten.

Stabilisieren

Lage aus der Hüfte kontrollieren

Wegen der Konstruktionsmerkmale eines Kanus und der einwirkenden Kräfte (Wind, Wellen, Kehrwasser) ist die Lage eines Bootes meist kippelig. Sie werden daher stets darauf achten, die Lagestabilität zu erhalten. Dabei werden Sie sich »aus der Hüfte« bewegen, ein ganz wesentliches Merkmal guter Bewegungsqualität im Kanu. Sie können sofort ausprobieren, wie das gemeint ist: Setzen Sie sich auf den Boden, Arme rechtwinklig zur Seite in die Luft, Knie angewinkelt. Wenn Sie sich jetzt steif machen und zur Seite lehnen, wird diese Aktion ab einem gewissen Zeitpunkt dazu führen, dass Sie umkippen, es sei denn, Sie nutzen die Beweglichkeit Ihrer Wirbelsäule. In diesem Fall kippt zwar das Becken auf einer Seite nach oben, trotzdem bleibt aber Ihr Kopf über dem Körperschwerpunkt, weil Sie die Flexibilität der Lendenwirbelsäule nutzen. Dies

Selbst im Stehen kann die Wasserlage aus der Hüfte kontrolliert werden.

ist im Kanu manchmal die einzige Möglichkeit, einem Vollbad aus dem Weg zu gehen. Das Geheimnis besteht also darin, den Körperschwerpunkt »innerhalb« des Kanus zu halten, also in der Hüfte einzuknicken. Bei einer Anwendung des »Hüftknicks« formt der Körper von vorne oder hinten gesehen ein J. Vorteil für Sie: Wenn Sie es richtig machen, benötigen Sie das Paddel kaum zum Steuern. Sie steuern aus der Hüfte. Sie können das Paddel weiter zum Vortrieb oder zum Drehen des Bootes einsetzen.

Rotieren

Rumpf folgt dem Paddel

Kanus werden auch im Rotationsverfahren hergestellt. Hier aber ist etwas völlig anderes damit gemeint: Armpaddeln ist schlecht, Rumpfpaddeln ist super. Denn die Muskulatur des Oberkörpers ist um ein Vielfaches kräftiger als die der Arme. Und das sollten Sie zu Ihrem Vorteil ausnutzen. Sie folgen damit lediglich dem Beispiel von Weltmeistern und Olympiasiegern, befinden sich also in guter Gesellschaft.

Nutzen Sie die Arme zur Übertragung der Kraft, die aus dem Rumpf kommt. Sie verfügen dann nicht nur über mehr Kraft, sondern auch über eine verbesserte Ausdauer. Beim Beachten dieser Grundlage werden Sie die Arme beim Grundschlag vorwärts im Kajak und Kanadier weit nach vorne strecken und dann mit dem Rumpf aus der Hüfte heraus rotieren, nachdem Sie das Paddel eingesetzt haben. Am Anfang mag das etwas übertrieben und »hölzern« aussehen. Es funktioniert allerdings hervorragend, wenn Sie die Körperrotation aus einer »lockeren« Hüfte heraus einleiten.

Dirigieren

Richtung steuern

Als Kapitän sind Sie auch Dirigent Ihres Bootes: Sie bestimmen, wohin die Reise gehen soll. Sie geben die Richtung vor, werden aber bald feststellen, dass nicht immer alles so läuft wie gedacht. Und es ist tatsächlich, um im Bild zu bleiben, wie mit einem großen Orchester. Es bleibt schwierig, alle Solisten mit ihren Instrumenten harmonisch aufeinander abzustimmen. Boote und Orchester entwickeln gerne ein gewisses Eigenleben. Wenn Sie auf dem Wasser unterwegs sind, spielen viele Solisten mit. Das Boot weist gegenüber dem Wasser eine relative Geschwindigkeit auf. Bei jedem Paddelschlag wird das Boot beschleunigt und/oder in eine neue Richtung bewegt. Auch Wind und Strömung beeinflussen die Fahrtrichtung. Bei allen Aktionen sind Sie daher mehr oder weniger gezwungen, ständig kleinere oder größere Korrekturen an Ihrem Kurs vorzunehmen. Das wird ganz offensichtlich bei Anfängern, die, erstmals im Boot, sich mit jedem Schlag verzweifelt um die eigene Achse drehen (es sei denn, sie besitzen ein Boot mit Steueranlage). Ich

Gemächliches Fahren, wie hier auf der Böhme, erleichtert das Steuern.

kann Sie beruhigen: Das ist völlig normal, ist mir ebenso passiert wie Tausenden von Einsteigern vor Ihnen, die das Kanufahren begonnen haben. Es resultiert aus dem komplexen Zusammenspiel verschiedenster Faktoren. Der Abstand des Paddels zum Körper, die eingesetzte Kraft, die Lage des Bootes im Wasser, die Stellung des Paddels im Wasser, die relative Geschwindigkeit des Bootes und vieles mehr wirkt auf die Fahrtrichtung ein.

Wollen Sie beispielsweise bei hoher Geschwindigkeit eine Richtungsänderung durch einen Bogenschlag vorwärts erreichen, dann ist zunächst der Wasserwiderstand so groß, dass nur eine geringe Richtungsänderung bewirkt wird. Das wird durch eine gewisse Systemträgheit unterstützt, die der neuen Richtung einen Widerstand entgegensetzt. Wenn aber das Boot dann erst einmal richtig dreht, ist es kaum noch zu bremsen, weil die Systemträgheit jetzt dazu führt, dass das Boot immer weiter dreht ... Daraus können Sie ableiten, dass es sich anfangs nicht lohnt, schnell und mit viel Kraft zu paddeln. Fahren Sie gemächlich und seien Sie sensibel für das »Eigenleben« Ihres Kanus. So werden Sie sich schnell an den neuen Partner gewöhnen und ihn verstehen. Die Solisten werden sich dann dem Dirigenten gerne unterordnen.

Fixieren

Paddeln mit richtigem Krafteinsatz

Zugegeben: Auf den ersten Blick sieht es so aus, als würde der Kanufahrer sein Paddel durch das Wasser ziehen. Erst beim näheren Hinsehen werden Sie feststellen, dass das Paddel im Wasser fixiert wird und das Kanu am fixierten Paddel nach vorn vorbeigezogen wird. Machen Sie die Probe aufs Exempel und setzen oder knien sich auf einen Anleger, eine Pritsche oder Steiger. Wenn Sie jetzt versuchen das Paddel durch das Wasser zu ziehen, werden Sie feststellen, mit wie viel Widerstand Sie rechnen müssen. Das geht nur sehr schwer und kostet viel Kraft.

Das Bemühen um das richtig im Wasser »festgenagelte« Paddel wird sich durch Ihre ganze Kanukarriere hinziehen. Jedenfalls geht es mir so. Da der Mensch von Natur aus eher träge ist (ich schließe hier vorwitzigerweise von mir auf andere), neige auch ich tendenziell dazu, dem Widerstand durch ein »richtig« fixiertes Paddel auszuweichen. »Rutscht« das Paddel durchs Wasser, vergeuden Sie lediglich Ihre Energien. Ziehen Sie sich erst dann zum Paddel, wenn Sie einen festen Widerstand verspüren. Das Bild eines im Wasser angenagelten Paddels, verbunden mit der Vorstellung, die Hüfte zum Paddel zu ziehen, wird jeden Paddelschlag wirkungsvoller machen.

»Wie fixiere ich denn mein Paddel richtig im Wasser?« Probieren Sie einmal Folgendes aus: Im Boot sitzend ziehen Sie das vollständig eingetauchte Paddel extrem langsam durch das Wasser, so als ob Sie das Paddel »baden« wollten. Sie werden feststellen, dass sich nicht das Boot, sondern nur das Paddel durchs Wasser bewegt. Das Wasser hat genügend Zeit, dem Paddel auszuweichen. Das Gegenteil wird der Fall sein, wenn Sie das Paddel plötzlich und mit aller Kraft anreißen. Beim Reißen des Paddels durch das Wasser wird das Wasser weggeschoben; es spritzt und türmt sich vor dem Paddel auf, hinter dem Paddel reißt der Kontakt ab.

Ausnahmen bestätigen die Regel: Wenn Sie aus dem Stand losspurten und mit maximalem Krafteinsatz fahren, werden Sie das beste Ergebnis erreichen, wenn das Wasser beim Anriss wegspritzt (siehe Startphase beim Kanurennsport).

Irgendwo zwischen den Extremen findet die Annäherung an das ideale Fixieren des Paddels im Wasser statt. In diesem Idealfall ist der Schlupf des Paddels im Wasser nahe Null. Das Blatt bewegt sich kaum im Wasser – Sie nehmen es ziemlich exakt dort aus dem Wasser, wo Sie es eingetaucht haben. Wenn Sie das alles nahezu perfekt umsetzen, wird Ihr Paddel keine Spritzer, keine Luftblasen und keine Strudel verursachen. Richtig

Geschicktes Manövrieren ermöglicht das Anlanden auch an Felsufern.

gemacht ist es ein Stück Handwerkskunst – und eine permanente Herausforderung während Ihrer Laufbahn als begnadeter Wasserwanderer. An diesem Bewegungsablauf zu feilen ist für mich besonders im Frühjahr, wenn die Kanusaison noch jung ist, immer wieder eine Herausforderung und permanente Übung.
Übrigens: Voraussetzung für die Übertragung der Kraft auf das Boot ist natürlich der feste Sitz im Boot. Über Fußstütze, Schenkelstütze, Sitzschale und Gurte wird aktiv eine feste Verbindung mit dem Kanu hergestellt und so die Wirkung der Schläge ohne Verluste übertragen.

Manövrieren

Flexibel Schläge setzen und kombinieren

Sie werden nach den ersten Erfahrungen im Kanu bald feststellen, dass Sie das Boot selten durch einen einzelnen Schlag manövrieren können. Denken Sie

an das Anlanden am Ufer, an einem schwimmenden Steg oder Ponton. Sie werden auf stehendem Wasser das Kanu durch die geschickte Kombination von Schlägen zentimetergenau so manövrieren, dass Sie ohne großen »Rumpler« anlanden.
Noch wichtiger wird das flexible Aneinanderreihen verschiedener Schläge auf kleinen Flüssen mit flotter Strömung. Hier sollten die einzelnen Schläge nahtlos ineinander übergehen; ansonsten hat Sie das schnell fließende Wasser zügig dorthin versetzt, wo Sie eigentlich nicht hin wollten. Stacheldraht, im Wasser hängende Bäume, Sträucher und andere Hindernisse warten schon auf Sie!

Orientieren

Umsichtig Paddeln

Als Einsteiger werden Sie feststellen, wie sehr Sie anfangs mit sich selbst, Boot und Paddel beschäftigt sind. Als ich das Kanufahren erlernte, reichte mein Blickwinkel höchstens bis zum Bug des Bootes, beim Skifahren hörte für mich die Welt dort auf, wo die Skispitzen begannen. Mit der Zeit wurde es dann mit beidem besser. Beim Kanufahren auf Flüssen mit viel Schiffsverkehr und auf Wildwasser lernte ich das, was ich hier umsichtiges Paddeln nenne: vorausschauend Schwierigkeiten erkennen und rückschauend darauf achten, ob meine Kanufreunde hinter mir nicht gekentert sind, oder ob Schiffsverkehr von hinten naht. Die dicken Pötte vorne bemerken Sie meist früh genug, ab und an müssen Sie sich aber umdrehen, ob auch einer von achtern anrauscht.
Und das gelingt nur, wenn Sie umsichtig fahren, was zugegebenermaßen für den Anfänger aufgrund fehlender Erfahrung und Übung nicht ganz einfach ist. Zu sehr ist er mit sich beschäftigt, als dass er Augen für die Dinge hätte, die um ihn herum geschehen. Der Blick des Kanuten sollte nicht nur über den Süllrand, sondern über die Bootsspitze bis zum Ufer oder zur nächsten Brücke führen. Wenn Ihr Kanu durch Wellengang ein wenig kippelig ist, versuchen Sie, die Schwankungen aus der Hüfte auszugleichen, und orientieren Sie sich am Ufer. Das ist auf jeden Fall besser als der Versuch, sich nur im engen Radius um das Boot herum zu orientieren.

Vom Einsteiger zum Könner

Der Weg des Anfängers, der zunächst unbeholfen, mühsam und unsicher erstmals in sein Kanu einsteigt, bis zum Könner, der auf abgelegenen Gewässern dahingleitet und die Schönheiten der Natur genießt, ist ein langer, zeitintensiver, manchmal mühsamer Weg. Auf diesem Weg liegen viele tausend, ja hunderttausend Paddelschläge und Erfahrungen, ohne die es nun einmal nicht geht. Dass dabei hin und wieder etwas schief läuft, liegt in der Natur der Dinge. Denken Sie stets daran: ohne Fehler kein Lernen. Und noch ein Trost für Sie, wenn es einmal nicht so läuft, wie Sie es sich vorgestellt haben: Letztlich gibt es in diesem Sport – so wie in jedem anderen Sport auch – kein richtiges und falsches Verhalten, bis auf wenige prinzipielle Ausnahmen, an denen es kein Vorbei gibt. Recht hat, wer Erfolg hat. Auch dieser Sport entwickelt sich immer weiter und lebt von innovativen Ideen, die auf den ersten Blick verrückt erscheinen mögen. Deshalb meine Bitte an Sie: Nehmen Sie die gut gemeinten Anweisungen und Hilfestellungen in diesem Buch nicht zu wörtlich und haben Sie den Mut, etwas Neues auszuprobieren.

Sie werden feststellen, dass es sich lohnt, etwas zu erlernen, dann zu üben und schließlich zu perfektionieren.

Als Praxisbeispiel möchte ich Ihnen nachstehend kurz in sechs Schritten auf-

Wer über die Bootsspitze hinausschaut, kann Weite und ferne Horizonte genießen.

zeigen, wie der Weg des Anfängers zum Könner verläuft.

Erster Gang
Wenn Sie an einem sonnigen Frühlingstag gemütlich auf einem stehenden Gewässer herumbummeln, die erwachende Natur und die grandiose Landschaft genießen wollen, werden Sie keine exakten und dynamischen Schläge setzen. Sie dümpeln im ersten Gang dahin. Das ist entspannend und in dieser Situation völlig ausreichend.

Zweiter Gang
Nun schlägt das Wetter um. Wind kommt auf. Das wird Sie veranlassen, kraftvoller zu fahren. Sie werden einen Gang hochschalten und etwas mehr Gas geben. Die Anforderungen an Kraft und Präzision steigen.

Dritter Gang
Der Wind nimmt zu, die Wellen werden größer: dritter Gang. Jetzt bleibt keine Zeit zum Überlegen; die Paddelschläge sind automatisiert, alles läuft wie von selbst ab. Vergleichbar ist diese Situation mit der Fahrt auf Flüssen, wo Sie Wellen, Fahrgastschiffen und kreuzenden Segelbooten ausweichen müssen.

Vierter Gang
Sie paddeln jetzt stromauf. Hochschalten in den vierten Gang. Das kostet Kraft, obwohl jeder Schlag sitzt. Kleinere Korrekturschläge, die nicht viel Aufwand erfordern, sind erkennbar.

Fünfter Gang
Beim Stromaufpaddeln umfahren Sie eine Boje, an der das Wasser nur so vorbeirauscht. Fünfter Gang: Sie paddeln fast Höchstgeschwindigkeit. Sie werden merken, dass solches Spurten viel Kraft kostet. Verschiedene Schläge werden fließend kombiniert. Schon nach kurzer Zeit werden Sie wieder langsamer. Sie sind froh, dass Sie die Boje hinter sich haben und wieder durchatmen können.

Sechster Gang
Die gekonnte Anwendung aller Techniken des Kanufahrens wird von Ihnen verlangt, wenn Sie auf Wildwasser unterwegs sind. Umsichtiges Fahren und schnelles Reagieren auf plötzlich auftretende Situationen kommen hinzu. Sie sind auf dem langen Weg vom Einsteiger zum Könner ein gutes Stück vorwärts gekommen. Herzlichen Glückwunsch! Bleiben Sie dran, es lohnt sich. Noch viele zauberhafte Seen und Flüsse warten auf Sie!

Kajak für Einsteiger

Einbooten

Je nach Gewicht wird der Kajak wie ein Koffer oder auf der Schulter getragen.

Tragen des Kajaks

Je nachdem wie schwer Ihr Kajak ist, werden Sie ihn auf verschiedene Weise ans Wasser bringen:

- Ein leichtes Boot tragen Sie wie einen Koffer.
- Ist der Kajak schwer, wird er auf der Schulter getragen.
- Beladene Boote tragen Sie mit Partnerhilfe.
- Ein Bootswagen ist angebracht, wenn Sie allein ein schweres Boot über längere Strecken transportieren.

Ein- und Aussteigen mit Paddelbrücke

Ein- und Aussteigen werden Sie zunächst an Land oder auf ruhigem Wasser üben. Auf Fließgewässern wird das Boot grundsätzlich mit dem Bug gegen die Strömung eingesetzt. Dann die Paddelbrücke:

- Das Paddel aufs Ufer und quer hinter den Süllrand legen.

Eine Hand fasst Süllrand und Paddel, dann wird die Spritzdecke geschlossen.

Einsteigen an hohen Ufern ohne Paddelbrücke: beide Füße in die Bootsmitte

- Eine Hand fasst Süllrand und Paddel, die andere stützt am landseitigen Schaft.
- Den bootsseitigen Fuß in die Bootsmitte stellen, Körper zum Ufer neigen.
- Den anderen Fuß nachholen und in das Boot hineinsetzen.
- Paddel vor den Süllrand legen und Spritzdecke schließen.
- Das Schließen der Spritzdecke beginnt hinter dem Rücken. Dann an der Spitze des Süllrandes einhaken und die Seiten schließen. Die Aufreißschlaufen auf jeden Fall außen belassen.

Das Ein- oder Aussteigen am Steilufer gleicht manchmal einer Kletterpartie.

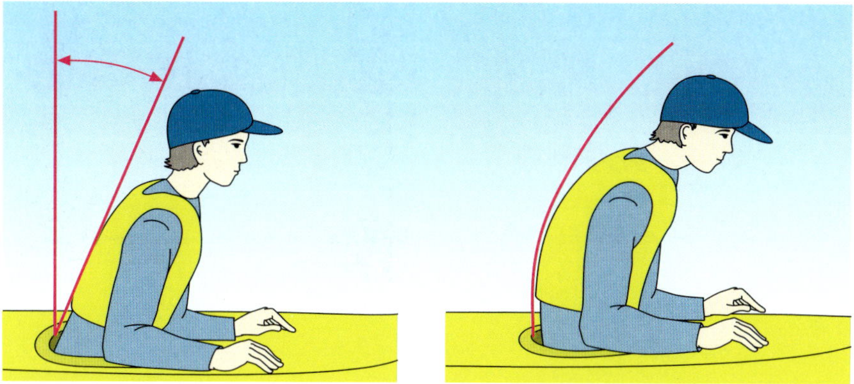

Die aufrechte oder leicht nach vorn geneigte Sitzposition (links) ist wirbelsäulenfreundlich und ermöglicht richtig ausgeführte Schläge sowie ermüdungsfreies Fahren.

Sitzposition

Voraussetzung für entspanntes Sitzen, wirbelsäulenfreundliches Fahren und richtig ausgeführte Schläge ist die funktionelle Sitzposition im Kajak. Deshalb sollte

- der Sitz passend sein,
- der Rückengurt im Bereich der Lendenwirbel ausreichend stützen,

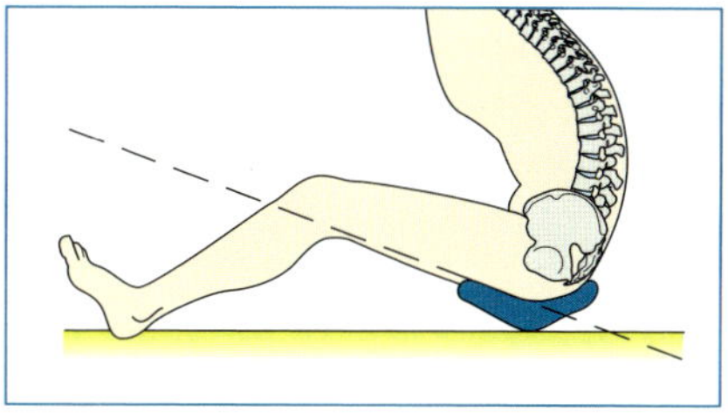

- die Position der Fußstütze so angepasst sein, dass die Oberschenkel guten Kontakt mit den Schenkelstützen haben,
- man aufrecht oder leicht nach vorn geneigt im Kajak sitzen,
- die Schwimmweste oder Spritzdecke nicht behindern.

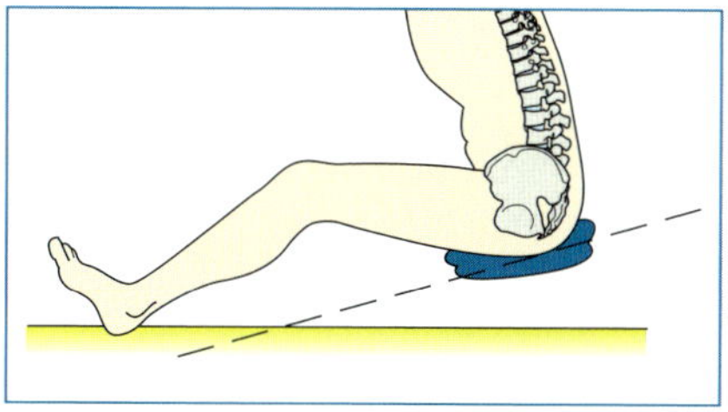

Ein zu niedriger Sitz (links) kann zu Problemen im Bereich der Lendenwirbel führen. Ist der Sitz hoch genug angebracht (rechts), wird ergonomisches Sitzen erleichtert.

Paddeltechnik

Einige immer wieder auftauchende technische Begriffe seien hier kurz erklärt:

- Vorderseite ist die Seite des Blattes, die zum Bug gerichtet ist.
- Die andere Seite des Blattes wird Ziehseite genannt.
- Die Verbindungslinie von Blatt zu Blatt ist die Schaftachse.
- Aktionsseite ist die Seite, auf der mit dem Blatt im Wasser agiert wird.

So finden Sie die richtige Griffweite.

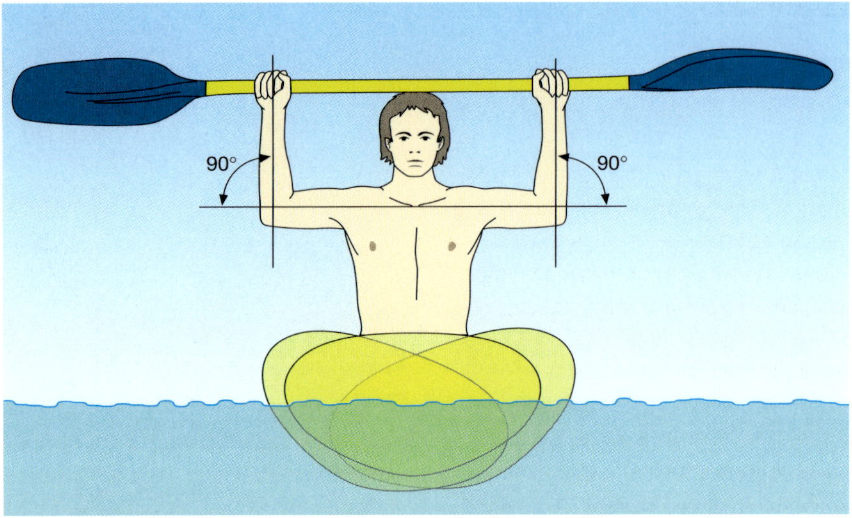

Tipp:
Üben Sie an Land die einzelnen Schläge, um eine ungefähre Bewegungsvorstellung von den Paddelschlägen zu bekommen. Dieses »Trockentraining« können Sie auch als Aufwärmgymnastik betreiben. So entwickeln Sie schnell ein Gefühl für das Drehen des Paddels und für die Schläge.

Griffweite

Achten Sie von Beginn an auf die richtige Griffweite. Diese finden Sie, indem Sie das Paddel auf den Kopf legen und mit beiden Händen den Paddelschaft halten. Ober- und Unterarm bilden einen rechten Winkel zueinander. Die Haltung gewährleistet die individuell optimale Griffweite. Diese Position kann zunächst mit farbigem Klebeband markiert werden. Später werden Sie diese Haltung so automatisiert haben, dass Sie die Marker nicht mehr brauchen.

Ankanten, Auslage

Die Bootslage kann allein durch aktiven Hüft- und Oberschenkeleinsatz verändert werden. Diese Veränderung der Bootslage wird als Ankanten oder Auslage bezeichnet. Der jeweilige Grad des Kantens hängt vom beabsichtigten Paddelschlag, aber auch von der Kippstabilität des Kajaks ab.

- Ankanten bezeichnet die Drehung um die Längsachse des Bootes zur Aktionsseite hin (Ziehschläge, Einfahrt in ein Kehrwasser).
- Bei der Auslage wird der Körperschwerpunkt über die Bootskante verlagert (Paddelstütze oder Paddelhang).

Bogenschlag vorwärts

Der Bogenschlag vorwärts ist ein Steuerschlag, der das Boot zur Gegenseite dreht.
In der **Ausgangsposition** ist das Paddelblatt am Bug, annähernd senkrecht zur Wasseroberfläche, die Schaftachse möglichst parallel zur Wasseroberfläche, der Aktionsarm leicht gebeugt. Der Gegenarm ist stark gebeugt. Der Körper ist leicht nach vorne gebeugt, Schulter parallel zum Schaft. Das Boot wird leicht zur Aktionsseite angekantet.
In der **Aktionsphase** beschreibt das Paddelblatt einen großen Bogen um die Längsachse des Oberkörpers. Der Aktionsarm bleibt leicht gebeugt, der Gegenarm hingegen ist stark gebeugt. Die Schulterachse dreht in Aktionsrichtung, der Paddelschaft bleibt annähernd parallel zur Schulterachse. Das Ausheben des Paddels am Heck des Bootes geschieht bootsnah.

Aktionsphase beim Bogenschlag vorwärts (oben), beim Bogenschlag rückwärts (unten)

Bogenschlag rückwärts

Der Bogenschlag rückwärts dreht den Bug des Kajaks zur Aktionsseite.
In der **Ausgangsposition** liegt der Paddelschaft fast parallel zur Wasseroberfläche, das Paddelblatt zeigt Richtung Heck. Der Aktionsarm ist stark gebeugt, der Gegenarm leicht gebeugt. Der Körper wird leicht nach hinten gebeugt, Schulterachse parallel zum Schaft. Achten Sie darauf, mit größtmöglicher Hüftdrehung zu beginnen. Das Boot wird leicht zur Aktionsseite angekantet.
In der **Aktionsphase** beschreibt das Paddelblatt einen großen Bogen um die Längsachse des Oberkörpers. Der Aktionsarm bleibt gebeugt, ebenso der Gegenarm. Die Handgelenke bleiben leicht angewinkelt. Die Schulterachse dreht in Aktionsrichtung. Der Paddelschaft bleibt annähernd parallel zur Schulterachse, das Ausheben erfolgt bootsnah.

Aktionsphase der Paddelstütze (links), Ausgangsposition beim Grundschlag vorwärts (rechts)

Paddelstütze

Die Paddelstütze gewährleistet die stabile Lage des Bootes und dreht, aktiv eingesetzt, das Boot zur Aktionsseite. Sie wird oft beim Ein- und Ausschwingen im Kehrwasser angewendet. In kippligen Situationen bewahrt sie uns aufgrund ihrer stützenden Wirkung vor einer Kenterung. Nach dem Auslegerprinzip ist die stützende Wirkung umso größer, je weiter das Blatt vom Boot entfernt eingesetzt wird. Fangen Sie vorsichtig an und steigern langsam Auslage und Bootsgeschwindigkeit.

In der **Ausgangsposition** befindet sich das Paddelblatt zwischen Heck und Körper, im spitzen Winkel zur Wasseroberfläche. Der Paddelschaft wird möglichst flach zur Wasseroberfläche gehalten. Der Aktionsarm ist leicht gebeugt, der Gegenarm stark gebeugt. Der Körper ist aufrecht, Schulterachse parallel zum Schaft. Das Boot wird leicht zur Aktionsseite angekantet.

In der **Aktionsphase** wird das Paddelblatt nach vorn geführt, der Aktionsarm leicht gebeugt. Der Gegenarm bleibt gebeugt, die Handgelenke bleiben gestreckt. Der Körper dreht mit der Schulterachse in Aktionsrichtung. Der Paddelschaft bleibt parallel zur Schulterachse. Das Ausheben erfolgt bootsfern.

Grundschlag vorwärts

Der Grundschlag vorwärts treibt das Boot annähernd geradlinig nach vorn.

In der **Ausgangsposition** ist das Aktionsblatt bootsnah. Der Aktionsarm ist fast gestreckt, das Aktionshandgelenk ebenso. Der Gegenarm ist gebeugt, das Gegenhandgelenk gestreckt. Die Gegenhand befindet sich in Augenhöhe. Der Körper ist aufrecht, die Schulterachse annähernd parallel zum Schaft.

Aktionsphase beim Grundschlag rückwärts (links), Ausgangsposition beim Ziehschlag Mitte (rechts)

In der **Aktionsphase** wird das Paddelblatt parallel zur Bootslängsachse geführt. Der Aktionsarm zieht und wird gebeugt, der Gegenarm drückt bis in eine gestreckte Stellung. Der Rumpf ist aufrecht, die Schulterachse bewegt sich parallel zum Paddelschaft. Das Ausheben beginnt, wenn sich die Aktionshand auf Körperhöhe befindet.

Grundschlag rückwärts

Der Grundschlag rückwärts treibt das Boot nahezu geradlinig rückwärts.
In der **Ausgangsposition** wird der Aktionsarm gebeugt. Das Aktionshandgelenk ist gestreckt, das Paddelblatt wird bootsnah gehalten. Der Gegenarm ist leicht gebeugt, das Gegenhandgelenk gestreckt. Die Gegenhand befindet sich in Augenhöhe. Der Körper ist aufrecht, die Schulterachse annähernd parallel zum Schaft.

Während der **Aktionsphase** wird das Paddelblatt parallel zur Bootslängsachse geführt. Der Aktionsarm drückt und wird gestreckt. Das Aktionshandgelenk bleibt gestreckt. Der Gegenarm zieht bis in eine gebeugte Stellung, dabei bleibt das Gegenhandgelenk gestreckt.
Der Rumpf ist aufrecht, die Schulterachse bewegt sich parallel zum Paddelschaft. Das Ausheben beginnt, wenn sich die Aktionshand vor dem Körper befindet.

Ziehschlag Mitte

Der Ziehschlag Mitte versetzt den Kajak seitlich zur Aktionsseite.
In der **Ausgangsposition** liegt die Unterkante des Paddelblatts parallel zur Bootslängsachse. Der Aktionsarm ist gebeugt, der Unterarm in Stirnhöhe. Das Aktionshandgelenk wird angewinkelt. Der Gegenarm ist gebeugt, das

Beim Ziehschlag Mitte wird der Schaft steil geführt und das Blatt vor der Bootskante ausgehoben.

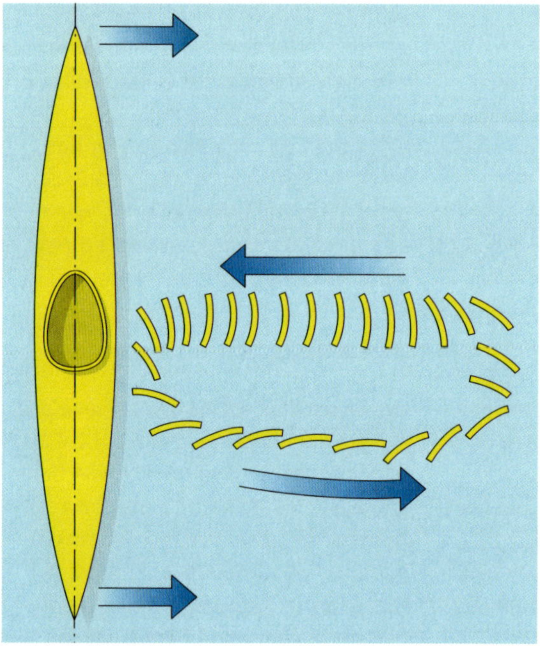

Der Weg des Blattes beim Ziehschlag Mitte von oben gesehen

Gegenhandgelenk angewinkelt. Der Rumpf wird dabei leicht zur Aktionsseite gebeugt.

Während der **Aktionsphase** wird das Paddelblatt parallel zur Ausgangsposition geradlinig in Richtung Körper geführt. Der Aktionsarm zieht und wird gebeugt, das Aktionshandgelenk bleibt gebeugt. Der Gegenarm drückt bis in eine fast gestreckte Stellung, das Gegenhandgelenk bleibt gebeugt. Der Körper wird aufgerichtet. Das Ausheben des Blattes beginnt mit einigem Abstand vor der Bootskante.

Duffekschlag

Der Duffekschlag bewegt den Kajak zur Aktionsseite und dreht ihn ohne erkennbaren Geschwindigkeitsverlust.
Um die Verwirrung komplett zu machen, wird der Duffekschlag auch als Kanadierschlag, Ziehschlag oder Hangtechnik bezeichnet. Der Tscheche Milo Duffek hat diese Technik Anfang der Fünfzigerjahre entwickelt. Als »gelernter« Kanadierfahrer passte er diesen Schlag an die Doppelpaddel-Technik an. Dreh- und Steuerbewegungen im Kajak sind damit präzise und schnell auszuführen. Mit dem »Duffek«, wie er in der Kurzform genannt wird, kann das Boot ohne größeren Geschwindigkeitsverlust »auf die Kurve« gebracht und auf Kurs gehalten werden.
In der **Ausgangsposition** zeigt die Unterkante der Ziehseite nach vorne. Der Aktionsarm ist fast gestreckt, das Aktionshandgelenk gebeugt. Der Gegenarm wird gebeugt, das Gegenhandgelenk befindet sich gebeugt über dem Kopf. Der Rumpf wird leicht nach vorne gebeugt.
In der **Aktionsphase** verbleiben Sie nunmehr in dieser Stellung am Paddel, und zwar so lange, wie der Vortrieb des Bootes ausreicht, um am Paddelblatt genügend Zug zu erzeugen. Lässt der Zug am Paddel nach, wird der nächste Schlag eingeleitet.
Ganz unterschiedliche Situationen beim Kanuwandern können mit diesem Schlag elegant gemeistert werden.

Aktionsphase beim Duffekschlag

Steuerschlag

Mit dem Steuerschlag lässt sich das Boot exakt geradeaus steuern.
Der Steuerschlag hält das Boot in unübersichtlichen Strömungsverhältnissen sowie bei böigem Seitenwind auf Kurs. Gelegentlich wird dieser Schlag auch als »Heckruder« bezeichnet. Vielleicht charakterisiert dieses Wort am besten, wie das Paddel eingesetzt wird und welche Wirkung mit diesem Schlag einhergeht.

Mit dem Steuerschlag lässt sich das Boot exakt geradeaus steuern.

Der Steuerschlag ist ein »passiver« Schlag, die **Ausgangsposition** ist identisch mit der **Aktionsphase**. Das Paddel wird hinter dem Körper in Hecknähe bootsnah eingesetzt. Der Aktionsarm ist leicht gebeugt, der Gegenarm stark gebeugt. Die Ziehseite des Blattes zeigt zum Boot und verläuft parallel zur Bootslängsachse. Durch Druck vom Boot weg dreht das Boot zur Aktionsseite; durch Zug zum Boot dreht es zur Gegenseite.

Schlagkombinationen

Sie haben zwar jetzt alle möglichen Paddelschläge einzeln erlernt, werden aber bald feststellen, dass alle Schlagtechniken idealerweise nahtlos ineinander übergehen. Bei den Schlagkombinationen werden zwei verschiedene Möglichkeiten häufig angewandt:

➤ **Kreisel:** Sie drehen das Boot auf der Stelle mit abwechselndem Bogenschlag vorwärts auf der einen und Bogenschlag rückwärts auf der anderen Seite.

➤ **S-Schlag:** Ein S-förmiger Fahrverlauf des Kajaks wird mit der Kombination von Ziehschlag vorne und anschließendem Bogenschlag vorwärts auf der gleichen Seite erzielt.

➤ **Wriggen:** Das Paddel wird in der Ausgangsposition des Ziehschlages Mitte parallel zur Bootslängsachse vorwärts und rückwärts bewegt. In der Aktionsphase beschreibt das Blatt dabei im Wasser eine liegende Acht. Durch die Beugung der Handgelenke stellen wir das Paddel in einen Winkel von etwa 30° zur Bootslängsachse. Das Boot bewegt sich, anders als beim seemännischen Wriggen, seitlich in Aktionsrichtung.

Paddelschläge im Zweierkajak

Im Zweier kommt es auf die gute Abstimmung zwischen den Partnern an. Bei Kurskorrekturen sollten sich beide vorher über die Art und Weise der beabsichtigten Schläge verständigen. Ansonsten kann es leicht passieren, dass die Schläge sich gegenseitig aufheben.

▮ Seitlich versetzen: Beide Paddler wenden den Ziehschlag Mitte an.

Ziehschlag Mitte (oben), Kombination von Bogenschlag vorwärts und Bogenschlag rückwärts (Mitte), Paddelstütze im Zweierkajak (unten)

■ Fast auf der Stelle drehen: Vordermann setzt Bogenschläge vorwärts, der Hintermann auf der entgegengesetzten Seite Bogenschläge rückwärts.

■ Besonders schnelle Drehung: Beide Paddler wenden die Paddelstütze an und kanten das Boot dabei an. Diese Technik setzt allerdings voraus, dass sich das Boot in schneller Vorwärtsfahrt befindet.

Im Kehrwasser fließt das Wasser gegen die Hauptströmung.

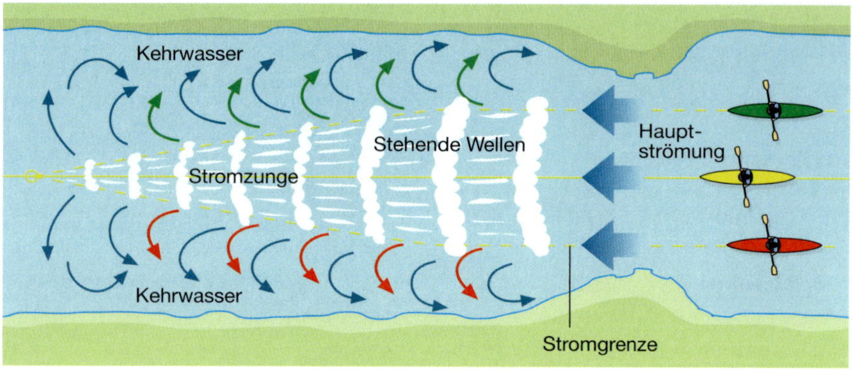

Kehrwasserfahren

Im Einerkajak

Im Kehrwasser, der Name sagt es schon, kehrt sich das Wasser gegen die Hauptströmung. Es fließt sozusagen bergauf. Kehrwasserfahren sollten Sie als Kanuwanderer erlernen, wenn Sie gern einmal auf einem Stück Wildwasser unterwegs sein möchten. Aber auch auf relativ schnell fließendem Zahmwasser bildet sich gelegentlich am Uferbereich und hinter Brückenpfeilern oder Wehren ein Kehrwasser aus.
Die Schwierigkeit beim Kehrwasserfahren besteht für den Einsteiger darin, den Geschwindigkeitsunterschied zwischen Hauptströmung und Kehrwasser richtig einzuschätzen.

Vom Kehrwasser in die Hauptströmung (Einschlingen)

Ausgangsposition: Aus dem Kehrwasser starten Sie mit kräftigen Schlägen in Richtung Hauptströmung. Die Hauptströmung erfasst nun den Bug des Kajaks. Wenn sich das vordere Bootsdrittel in der Hauptströmung befindet, kanten Sie das Boot zur Kurveninnenseite. Der Strömungsunterschied dreht nun das Boot. Um nicht zu kentern, wenden Sie die Paddelstütze an.

Von der Hauptströmung in das Kehrwasser (Ausschlingen)

Jetzt ist alles anders und doch bleibt das Bewegungsmuster gleich.
Ausgangsposition: Sie kommen aus der Hauptströmung und wollen ins Kehrwasser. Wenn sich das vordere Bootsdrittel im Kehrwasser befindet, kanten Sie das Boot zur Innenseite. Das Boot wird gedreht. Sie fahren in das Kehrwasser ein.

Tipp:
Die Grenze zwischen Kehrwasser/Hauptströmung sollte schnell überwunden werden. Schnelligkeit bringt Stabilität.

Zur Stabilisierung wenden Sie wiederum die Paddelstütze oder den Ziehschlag vorne an.

Im Zweierkajak

Beim Ein- und Ausschlingen bieten sich im K2 zwei Varianten an:

- Beide Fahrer wenden die Paddelstütze an.
- Der Vordermann setzt einen Ziehschlag vorne, während der Hintermann mit der Paddelstütze stabilisiert.

Die erste Variante ist stabiler als die zweite und für Einsteiger gut geeignet. Variante zwei sorgt für zügiges und genaues Drehen, ist aber etwas kippeliger.

Seilfähre (Traversieren)

Sie wollen von der einen zur anderen Flussseite gelangen, ohne dabei mit dem Boot von der Strömung abgetrieben zu werden: Mit der **Seilfähre vorwärts** wird das möglich. Im Kanujargon wird dieses Manöver auch Traversieren genannt.
Dabei wird der Bug des Kajaks schräg stromaufwärts gerichtet. Grundsatz: je schneller die Strömung, desto spitzer der Winkel Boot/Ufer. Mit dem optimalen Winkel können Sie den Fluss queren, ohne an Höhe zu verlieren.
Sollten Sie vom Kehrwasser aus kommend mit der Seilfähre an das gegenüberliegende Ufer fahren wollen, so gilt auch hier: Das Boot flussabwärts ankanten, sobald der Bug die Strömung erreicht hat.
Die **Seilfähre rückwärts** ist eine ausgesprochen hilfreiche Angelegenheit, wenn Sie einem Hindernis ausweichen oder sich auf dem Fluss orientieren wollen. Dieses Manöver verlangt allerdings ein wenig Übung und viel Gefühl. Üben Sie zunächst auf sehr langsam fließendem Wasser. Ansonsten ist der »Umschmiss« vorprogrammiert.
Das Heck des Bootes zeigt zu der Seite, in deren Richtung Sie ausweichen möchten. Jetzt paddeln Sie mit Grundschlägen rückwärts gegen den Strom. Das ist im Einer einfacher als im Zweier, weil der insgesamt etwas schwerfälliger reagiert. Aber mit ein bisschen Geduld und Spucke wird es schon klappen.

Kentern

Kentern ist das, was keiner möchte, aber schließlich irgendwann jeder einmal mitmachen wird. Auch Sie! Es ist deshalb gut, sich frühzeitig spielerisch mit einer Kenterung vertraut zu machen, damit im Ernstfall keine Panik aufkommt. Vor Beginn des Kanufahrens sollten daher im Schwimmbad oder am See Übungen zum Kentern und kontrollierten Aussteigen unter Wasser ins Trainingsprogramm eingebaut werden.

Kentern ohne Spritzdecke

- Sie kentern mit angezogenen Knien, zählen unter Wasser so lange wie möglich, drücken sich dann mit beiden Händen am Süllrand aus dem Boot.
- Vor dem Kentern im Boot Beine unter den Schenkelstützen verspreizen, unter Wasser so lange wie möglich zählen, Beine anhocken und am Süllrand aus dem Boot drücken.

Kentern mit Spritzdecke

- Sie öffnen und schließen die Spritzdecke zunächst an Land, auch mit geschlossenen Augen.
- Sie kentern mit angelegter Spritzdecke, die Hände bereits an der Aufreißschlaufe, Spritzdecke ruhig lösen, Beine anhocken und mit den Händen am Süllrand aus dem Boot drücken.

Wenn Sie während einer Kanutour kentern: Bleiben Sie zunächst am Boot. An Bug oder Heck können Sie sich festhalten und erst einmal verschnaufen. Dann treffen Sie die Entscheidung, ob mit oder ohne Boot an Land geschwommen werden soll. Wie diese Entscheidung ausfällt, hängt u. a. davon ab, wie weit das Ufer entfernt ist und wie kalt das Wasser ist (siehe auch: Unterkühlung).
Wenn Sie mit dem Kajak an Land schwimmen wollen gilt: Kajak blitzschnell umdrehen, so dass die Einstiegsluke nach oben schaut. Ist wenig Wasser im Boot, kann sofort mit dem Abschleppen begonnen werden. Ansonsten muss mit einem Lenzgefäß (kleine Plastikschüssel o.ä., am besten im Boot festgebunden) das Boot gelenzt werden.
Moderne Kajaks verfügen über ein Lenzventil. Wenn das Boot am Ufer liegt, wird die Lenzschraube am Heck geöffnet. Dann wird der Kajak senkrecht gestellt, und das Wasser sprudelt munter hinaus. Verfügt ein Kajak über kein Lenzventil, muss es kieloben gedreht und ausgeleert werden.

Wiedereinstieg, Kenterrolle

Wenn Sie fernab vom Ufer in der Gruppe unterwegs sind, kann der Gekenterte sein Boot in der Kenterlage zusammen mit dem Helfer über das Boot des Helfers ziehen. Ein Großteil des Wassers kann dann entfernt werden. Dann wird das restliche Wasser gelenzt. Das leere Boot wird parallel zu dem des Helfers gelegt, der das Boot stabilisiert, während der Gekenterte versucht einzusteigen. Dieses Verfahren ist nicht einfach und sollte vorher geübt werden.
Wer das Kanuwandern in seiner sportlichen Variante auf Wildwasser oder Salzwasser betreiben will, sollte die Kenterrolle erlernen.
Kenterungen sind hier an der Tagesordnung. Nur wer auf weißem Wasser die Kenterrolle beherrscht, wird Freude an seinem Hobby haben.

Ausleeren des Kajaks an Land und am Ufer

Kanadier für Einsteiger

Einbooten

Abladen des Kanadiers

Ein Joch erleichtert das Tragen eines Kanadiers.

Kanadier sind etwas sperriger und meist schwerer als Kajaks. Daher wird man sie in den meisten Fällen zu zweit vom Dachträger des Autos abladen. Müssen Sie den Kanadier jedoch alleine vom Autodach bugsieren, gehen Sie wie folgt vor:

- Auf die Abladeseite den Schaft eines Paddels in Fahrtrichtung auf die Enden der beiden Traversen binden.
- Das Boot an seinem Platz so umdrehen, dass das Deck oben ist. Nun in der Waagerechten um 90° drehen, dann sieht das Auto etwa wie ein Flugzeug aus, das Boot bildet die Tragflächen.
- Jetzt das Boot vorsichtig herunterziehen, bis ein Ende auf den Boden gestützt werden kann.
- Dann das andere Ende vom Paddel herunterheben – nur noch halbes Gewicht! – und das Boot parallel neben das Auto legen, am besten gleich auf den bereitgestellten Bootswagen.
- Wer Angst hat, sein Paddel könnte dabei beschädigt werden, kann einen teppichbezogenen Balken mitführen, an jedem Ende mit einem Stück Leine; damit wird der Balken an den Traversenenden festgezurrt.

Tragen des Kanadiers

Fast immer werden Sie den Kanadier zu zweit tragen oder auf einem Bootswagen transportieren. Sind sie allein unterwegs, kann der Kanadier auch wie folgt

transportiert werden (wenn das dafür notwendige Joch vorhanden und z. B. mit einer Schwimmweste gut gepolstert ist):

- Stellen Sie sich in die Mitte neben das Boot und heben Sie es an der Seitenwand auf die Knie.
- Greifen Sie mit einer Hand um an die gegenüberliegende Seitenwand, und heben Sie das Boot über den Kopf auf die Schultern.

Zugegeben, dazu brauchen Sie außer einer Portion Kraft auch Geschicklichkeit. Wenn Sie den Kanadier auf der

Tipp:
Falls kein Joch vorhanden sein sollte, können Sie zwei Paddel längs zwischen die beiden Bänke zurren. Beim Tragen lastet dann das Ende der Blätter auf den Schultern.

Schulter haben, ist die Last recht gut verteilt; der Bug wird angehoben, um zu sehen, wohin der Weg führt. Und schon geht's los.

Ein- und Aussteigen mit Paddelbrücke

Das Ein- und Aussteigen im Kanadier ist sicher leichter als im Kajak. Trotzdem sollten Sie es zunächst auf stehendem oder ruhig fließendem Wasser üben. Wenn das klappt, können Sie auch auf einem munter dahinströmenden Bach einsteigen. Auf Fließgewässern wird das Boot grundsätzlich mit dem Bug gegen die Strömung eingesetzt. Sie kontrollieren so besser die Phase des Ablegens vom Ufer. Für den Anfänger empfiehlt es sich, eine Stelle mit einem flachen Uferverlauf aufzusuchen. Sicheres und wackelfreies Einsteigen gewährt die Paddelbrücke:

- Das Paddel flach aufs Ufer und quer über die Seitenwände legen.
- Mit beiden Händen aufs Paddel stützen, dabei gleichzeitig den bootsseitigen Fuß in die Bootsmitte setzen.
- Den anderen Fuß nachholen und in das Boot hineinsetzen.

Versierte Wasserwanderer schaffen das Einsteigen auch ohne Paddelbrücke; natürlich wird die ganze Angelegenheit etwas kippeliger. Vom hohen Landungssteg, von der Spundwand oder vom steilen Ufer aus einsteigen: Beide Füße werden zunächst in die Bootsmitte gesetzt, noch im Stand den Körperschwerpunkt über das Boot bringen, dann schnell hinsetzen oder knien und gleichzeitig die Hände mit dem Paddel nach vorne zu den Seitenwänden.

Ein- und Aussteigen mit Paddelbrücke am Ufer und am Steg

Die richtige Sitzposition: beide Beine nach hinten

Das Einsteigen in den Zweier ist problemlos. Zunächst steigt immer der vorn Sitzende mittels Paddelbrücke ein, während Hintermann/-frau das Boot vom Ufer aus sichert. Das Aussteigen erfolgt in allen Fällen in umgekehrter Richtung mit dem Bug stromauf.

Der Trimm

Das Boot sollte immer waagerecht mit längstmöglicher Wasserlinie auf dem Wasser liegen. Vielfach wird der Kanadier hecklastig beladen, zumal wenn der Hintermann schwerer ist als die Vorderfrau. Das bewirkt, dass der Hintermann bei Seitenwind das Boot übermäßig oft per Steuerschlag korrigieren muss. Bläst der Wind von vorn, wird der Kanadier vorteilhaft buglastig beladen. In der Mehrzahl aller Fälle sollte das Boot allerdings ausgeglichen beladen werden.

Sitzpositionen

Den besten Kontakt zum Kanadier erfahren Sie im Knien. Das ist zunächst relativ unangenehm für Knochen, Muskeln und Gelenke, entlastet aber den Rücken. Dabei werden die Beine im Boot verspreizt. In dieser Stellung können Sie alle Schläge präzise und effektiv setzen. Außerdem liegt der Schwerpunkt niedriger und damit günstiger. Das System Boot/Fahrer wird stabiler. Mit Schaumstoff (am besten geschlossenzelliger, wasserabweisender Schaum) werden die Knie und Fußgelenke komfortabel abgepolstert.
Natürlich dürfen Sie sich auch gelegentlich hinsetzen, um die Knie zu entlasten. Vielleicht auch ein Bein strecken und das andere anwinkeln. Wenn es allerdings gilt, die Kraft vom Paddel optimal auf das Boot zu übertragen und präzise Manöver zu fahren, sollten Sie das kniend tun.

Paddeltechnik

Bei der Beschreibung der einzelnen Schläge benutzen wir die Begriffe, die im Kapitel »Kajak für Einsteiger« an entsprechender Stelle erklärt werden. Die untere Hand ist die Aktionshand, die obere Hand am Griff ist die Gegenhand. Die Begriffe **Ankanten** und **Auslage** werden ebenso verwendet wie im Kapitel »Kajak für Einsteiger«.

Unterschiedliche Sitzpositionen entlasten die Knie.

Übergreifen – eine Besonderheit des Stechpaddelns

Auch im Kanadier ist es wichtig, den ganzen Körper einzusetzen. Die Muskeln des Rumpfes, also Bauch, Schultern und Rücken, sind weitaus stärker als die der Arme.

Übergreifen

Eine Spezialität des Stechpaddelns ist das Übergreifen. Gerade der Solofahrer wird in besonderen Situationen (zum

Aktives Übergreifen setzt eine bewegliche Wirbelsäule voraus.

Beispiel beim Rückwärtsfahren) gerne davon Gebrauch machen. Dabei wird das Blatt ohne Handwechsel auf der Gegenseite eingesetzt. Das bedeutet: Der »Rechtsschläger« setzt einen Schlag auf der linken, der Gegenseite. Dadurch wird die Gegenseite zur neuen Aktionsseite.

Ein Seitenwechsel wirkt lockernd und entspannend.

Seitenwechsel

Kanadierfahren ist eine »einseitige« Angelegenheit. Das werden Sie bei längeren Touren schnell feststellen. Es lohnt sich, die Aktionsseite gelegentlich zu wechseln. Das wirkt entspannend und beugt einer »Schokoladenseite« vor. Sie werden bald Freude daran finden, alle Schläge beidseitig zu beherrschen. Scheuen Sie sich nicht, von Anfang an die Techniken auf beiden Seiten einzuüben.

Steuerschlag

Dies ist der beste Schlag für starke und schnelle Richtungsänderungen hin zur Aktionsseite. Geeignet für den Solofahrer und für den Hintermann im Zweier.
In der **Ausgangsposition** ist der Schaft des Paddels senkrecht an der Seitenwand des Bootes mit gestrecktem Aktionsarm. Der Gegenarm ist gebeugt.
In der **Aktionsphase** wird das Paddel hinter den Körper gezogen, dabei wird der Daumen der Gegenhand nach **hinten** gedreht. Das Blatt steht dann parallel zum Boot. Schaft an der Bootskante anlegen und das Blatt nach außen drücken.

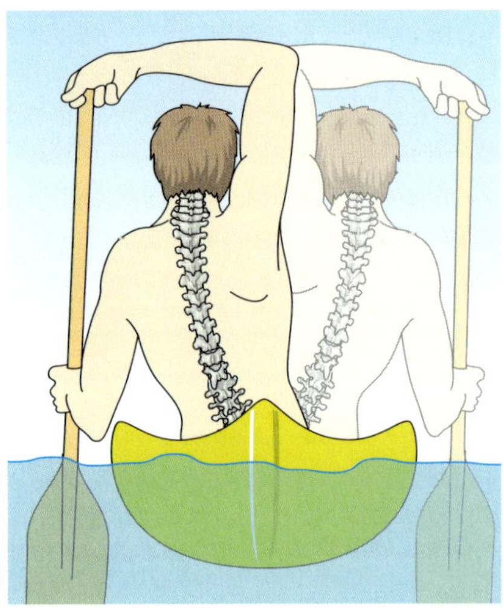

Aktionsphase beim Steuerschlag (links), Aktionsphase beim Grundschlag vorwärts (rechts)

Grundschlag vorwärts

Dieser Schlag bewirkt im Zweier die Geradeausfahrt vorwärts.
In der **Ausgangsposition** ist das Aktionsblatt bootsnah. Der Aktionsarm ist fast gestreckt, das Aktionshandgelenk ebenso. Der Gegenarm ist gebeugt, das Gegenhandgelenk gestreckt. Die Gegenhand befindet sich über Augenhöhe. Der Körper ist aufrecht, die Schulterachse annähernd parallel zum Griff.
In der **Aktionsphase** wird das Paddelblatt aus der Drehung mit Schulter und Rumpf parallel zur Bootslängsachse nach hinten geführt. Der Aktionsarm zieht und wird gebeugt, der Gegenarm drückt bis in eine gestreckte Stellung. Der Rumpf ist aufrecht, die Schulterachse bewegt sich parallel zum Paddelgriff. Das Ausheben beginnt, wenn sich die Aktionshand auf Hüfthöhe befindet.

Grundschlag rückwärts

Der Grundschlag rückwärts treibt das Boot geradeaus rückwärts (Abb. S. 70 oben). Für den Einerfahrer ist es zwar einfach, diesen Schlag auf einer Seite zu setzen. Er wird allerdings schnell bemerken, dass sich das Boot dreht, wenn nicht übergegriffen wird, d.h. die Aktionsseite nach einigen Schlägen gewechselt wird (später wird der Einsteiger erfahren, dass er den auf S. 70 erwähnten J-Schlag auch rückwärts ausführen kann).
In der **Ausgangsposition** wird der Aktionsarm gebeugt. Das Aktionshandgelenk ist gestreckt, das Paddelblatt wird bootsnah gehalten. Der Gegenarm ist leicht gebeugt, das Gegenhandgelenk gestreckt. Die Gegenhand befindet sich in Augenhöhe. Der Körper ist aufrecht, die Schulterachse annähernd parallel zum Schaft.

Aktionsphase beim Grundschlag rückwärts

Während der **Aktionsphase** wird das Paddelblatt parallel zur Bootslängsachse nach vorn geführt. Der Aktionsarm drückt und wird gestreckt. Das Aktionshandgelenk bleibt gestreckt. Der Gegenarm zieht bis in eine gebeugte Stellung, dabei bleibt das Gegenhandgelenk gestreckt. Der Rumpf ist aufrecht, die Schulterachse bewegt sich parallel zum Paddelgriff. Das Ausheben beginnt, wenn sich die Aktionshand vor dem Körper befindet.

J-Schlag

Vielleicht der wichtigste Schlag im Kanadier. Denn: Fährt man den Kanadier ständig mit dem Grundschlag vorwärts, dreht er sich von der Aktionsseite weg. Der J-Schlag wird im Einer beim Geradeausfahren zum Beibehalten der Geradeausfahrt oder zum Drehen in die Aktionsrichtung verwendet. Im Zweier wird der J-Schlag, wenn notwendig, ebenso angewendet. Im Vergleich zum Steuerschlag bremst der J-Schlag die Vorwärtsfahrt kaum.

Aktionsphase beim J-Schlag

Als Linksschläger ziehen Sie das Paddel J-förmig durchs Wasser (Rechtsschläger verfahren spiegelbildlich). Das Boot wird zur Aktionsseite gedreht; Intensität und Länge des Zuges der Gegenhand bestimmen das Ausmaß der Wirkung.
In der **Ausgangsposition** – und das ist hier die Endphase des Grundschlags vorwärts – wird der Schaft des Paddels an der Seitenwand des Hecks abgestützt. Die Ziehseite des Blattes zeigt zum Boot.
Während der **Aktionsphase** zieht die Gegenhand den Paddelknauf zur Längsachse des Bootes. Der Daumen der Gegenhand wird nach **vorne** gedreht. Dadurch wird das Blatt mit der Ziehseite nach außen gedreht und gedrückt. Die notwendige Richtungskorrektur wird erreicht.

Indianerschlag

Beim J-Schlag gibt es jede Menge Variationen. Aus dem »J« kann zum Beispiel ein »C« werden. Wenn dann noch das Paddel am Ende des Schlages nicht aus dem Wasser gehoben wird, sondern durch das Wasser wieder nach vorn – Blatt parallel zur Bootslängsachse – in die Ausgangsposition gebracht wird, sprechen wir vom Indianerschlag. Dieser Schlag erlaubt mit dünnem Paddelblatt ein geräuscharmes Fahren. Perfektes »Anschleichen« wird so möglich.
Wenn Sie J- und Indianerschlag beherrschen, sind Sie schon weit vorangekommen. Allerdings werden Sie einige Zeit brauchen, um diese Schläge wirklich perfekt zu beherrschen. Bleiben Sie dran! Wenn Sie es beherrschen, sieht das ziemlich professionell aus.

Aktionsphase beim Indianerschlag

Bogenschlag vorwärts

Der Bogenschlag vorwärts dreht das Boot zur Gegenseite (Abb. S. 72).
In der **Ausgangsposition** ist das Paddelblatt am Bug, annähernd senkrecht zur Wasseroberfläche. Der Paddelschaft ist möglichst parallel zur Wasseroberfläche, der Aktionsarm leicht gebeugt. Der Gegenarm ist stark gebeugt. Der Körper ist nach vorne gebeugt, Schulter parallel zum Schaft. Das Boot wird leicht zur Aktionsseite angekantet.
In der **Aktionsphase** beschreibt das Paddelblatt einen großen Bogen um die Längsachse des Oberkörpers. Der Ak-

Aktionsphase beim Bogenschlag vorwärts (links), Aktionsphase beim Bogenschlag rückwärts (rechts)

tionsarm bleibt leicht gebeugt, der Gegenarm hingegen ist stark gebeugt. Die Schulterachse dreht in Aktionsrichtung, der Paddelschaft bleibt annähernd parallel zur Schulterachse. Das Ausheben des Paddels geschieht bootsnah.

Bogenschlag rückwärts

Der Bogenschlag vorwärts dreht das Boot zur Gegenseite. Ebenso wie beim Bogenschlag vorwärts beschreibt das Paddel einen großen Bogen.
Die **Ausgangsposition** sieht den Paddelschaft möglichst parallel zur Wasseroberfläche, das Paddelblatt zeigt Richtung Heck. Der Aktionsarm ist stark gebeugt, der Gegenarm leicht gebeugt. Der Körper wird leicht nach hinten gebeugt, Schulterachse parallel zum Schaft. Das Boot wird leicht zur Aktionsseite angekantet.

In der **Aktionsphase** beschreibt das Paddelblatt einen großen Bogen um die Längsachse des Oberkörpers. Der Aktionsarm bleibt gebeugt, ebenso der Gegenarm. Die Handgelenke bleiben leicht angewinkelt. Die Schulterachse dreht in Aktionsrichtung. Der Paddelschaft bleibt annähernd parallel zur Schulterachse, das Ausheben erfolgt bootsnah.

Paddelstütze

In kippligen Situationen hilft sie uns aufgrund ihrer stützenden Wirkung, das Boot zu stabilisieren. Die Fähigkeit, mitten in einer verzwickten Situation eine passable Paddelstütze anwenden zu können, ist äußerst nützlich. Nach dem Auslegerprinzip ist die stützende Wirkung umso größer, je weiter das Blatt vom Boot entfernt eingesetzt wird.

Variante I

Diese Variante der Paddelstütze gewährleistet die stabile Lage des Kanadiers und dreht, aktiv eingesetzt, das Boot zur Aktionsseite. Sie wird oft beim Ein- und Ausschwingen im Kehrwasser angewendet.

Die **Ausgangsposition** entspricht im Wesentlichen der Position beim Bogenschlag rückwärts. Das Blatt befindet sich allerdings nicht so weit in Richtung Heck, es ist auch weiter von der Bootskante entfernt. Das Paddelblatt befindet sich zwischen Heck und Körper, Vorderseite im spitzen Winkel zur Wasseroberfläche angestellt. Der Paddelschaft wird möglichst parallel zur Wasseroberfläche gehalten. Der Aktionsarm ist leicht gebeugt, der Gegenarm stark gebeugt. Der Körper ist aufrecht, Schulterachse parallel zum Schaft. Das Boot wird leicht zur Aktionsseite angekantet.

In der **Aktionsphase** wird das Paddelblatt nach vorne geführt, der Aktionsarm bleibt gebeugt. Der Gegenarm bleibt gebeugt, die Handgelenke bleiben gestreckt. Der Körper dreht mit der Schulterachse in Aktionsrichtung. Der Paddelschaft bleibt annähernd parallel zur Schulterachse. Das Ausheben erfolgt bootsfern.

Variante II

Diese Variante der Paddelstütze stellt die Normallage von Boot und Fahrer wieder her. Sie gewährleistet die stabile Lage des Bootes auf Wellen, beim Ein- und Ausschwingen im Kehrwasser. In turbulenten Situationen ist sie rundum stützender Freund und Helfer des Kanadierfahrers.

Die Endphase des Bewegungsablaufs in der Variante I entspricht der **Ausgangsposition** in dieser Variante. Die Druckseite des Aktionsblattes liegt flach auf dem Wasser. Der Paddelschaft möglichst parallel zur Wasseroberfläche. Der Aktionsarm ist leicht gebeugt, der Gegenarm stark gebeugt. Der Rumpf wird aufrecht gehalten, Schulterachse parallel zum Schaft. Das Boot wird leicht zur Aktionsseite angekantet.

In der **Aktionsphase** wird das Paddelblatt flach auf das Wasser gedrückt. Der Aktionsarm und der Gegenarm bleiben gebeugt. Der Rumpf bleibt aufrecht, der Paddelschaft zeigt parallel zur Schulterachse. Das Ausheben erfolgt bootsfern. Sie dürfen bei dieser Variante nur ganz kurz und kräftig nach vorn drücken, weil sonst eine instabile Lage erreicht wird.

Aktionsphase der Paddelstütze im Zweier, Variante I

Hebelschlag

Von in der Bootsmitte sitzenden Solofahrern ausgeführt, bewirkt der Hebelschlag ein seitliches Versetzen zur entgegengesetzten Seite. Sitzen Sie vor der Mitte, ergibt sich ein Drehen von der Aktionsseite weg. Sitzen Sie hinten, ergibt sich ein Drehen des Bootes zur Aktionsseite hin.

Bei diesem Schlag nutzen wir die Bootskante als Widerlager, um die gewünschte Wirkung zu erreichen. Wenden wir den Hebelschlag während der Fahrt oder in flachem Wasser an, kann es kippelig werden.

In der **Ausgangsposition** liegt das Paddel direkt am Boot neben dem Körper an, Blatt parallel zur Bootswand. Der Aktionsarm (zunächst der untere Arm) ist fast im rechten Winkel gebeugt, ebenso der Gegenarm. Beide Handgelenke sind gestreckt. Der Rumpf lehnt sich von der Aktionsseite weg.

Während der **Aktionsphase** wird das Paddel vom Boot weggehebelt, indem der Gegenarm im rechten Winkel zur Bootslängsachse bewegt wird und so zum Aktionsarm wird.

Ausgangsposition beim Ziehschlag Mitte

Ziehschlag Mitte

Der Ziehschlag Mitte versetzt den Kanadier zur Aktionsseite.

In der **Ausgangsposition** liegt das Paddelblatt parallel zur Bootslängsachse, bootsfern etwa auf Körperhöhe. Der Aktionsarm ist gestreckt, der Gegenarm in Stirnhöhe. Das Aktionshandgelenk wird angewinkelt. Der Gegenarm ist gebeugt, das Gegenhandgelenk gestreckt. Der Rumpf wird zur Aktionsseite gebeugt.

Während der **Aktionsphase** wird das Paddelblatt rechtwinklig zur Bootslängsachse zum Körper geführt. Der Aktionsarm zieht und wird gebeugt, das Aktionshandgelenk bleibt gebeugt. Der Gegenarm drückt bis in eine fast gestreckte Stellung. Das Ausheben des Blattes beginnt weit genug vor der Bootskante (siehe auch Grafik S. 56).

Ziehschlag vorn

Mit diesem Schlag wird der Kanadier auf einer Kurve zur Aktionsseite gedreht. Diese Technik, die im Fachjargon auch Kanadierschlag oder Hangtechnik genannt wird, kann nur dann angewendet werden, wenn ein Geschwindigkeitsunterschied zwischen Boot und Wasser besteht. Dieser erzeugt Druck auf das Paddel und ermöglicht das Drehen. Im Kanadier ist die Wirkung des Schlages in hohem Maße von der Sitz-/Knieposition im Boot abhängig. Je weiter vorne im Boot dieser Schlag angesetzt wird, umso effektiver ist die Wirkung. Im Zweier wird also der Vordermann bevorzugt diesen Schlag ansetzen. Der Solofahrer wird ihn nur anwenden, wenn er in der Mitte des Bootes sitzt. Sitzt er im Heck und wendet diesen Schlag an, zeigt er keine Wirkung.

In der **Ausgangsposition** zeigt die Innenkante des Paddelblattes nach vorne. Der Aktionsarm ist fast gestreckt, das Aktionshandgelenk stark gebeugt. Der Gegenarm wird gebeugt, das Gegenhandgelenk befindet sich gebeugt über dem Kopf. Der Rumpf wird zur Aktionsseite nach vorn gebeugt.

In der **Aktionsphase** verbleiben Sie in dieser Stellung am Paddel. Und zwar so lange, wie der Vortrieb des Bootes ausreicht, um am Paddelblatt genügend Druck zu erzeugen. Lässt der Druck am Paddel nach, setzt eine Zugphase ein; damit wird der nächste Schlag (z. B. Grundschlag vorwärts) eingeleitet.

Schlagkombinationen

Den guten Fahrer erkennen Sie daran, dass alle Schlagtechniken fließend ineinander übergehen. Die einzelnen Schläge werden so effektiv kombiniert, dass es spielerisch leicht aussieht. Wichtiger Bestandteil ist bei einigen Kombinationen das Führen des Paddels im Wasser. Darunter verstehen wir den Wechsel von einer Position des Blattes in die nächste, indem die Paddelkante durch das Wasser in die neue Position geführt wird. So, wie das Messer durch die Butter schneidet.

Bei den Schlagkombinationen werden folgende Möglichkeiten häufig angewandt:

➤ **Kastenschlag:** Duffekschlag und anschließender Hebelschlag drehen das Boot zur Aktionsseite. Wir verbinden die Schläge, indem das Paddel durch das

Ziehschlag vorn im Zweier, Ausgangsposition

Wasser schneidet. Der Bug dreht zur Aktionsseite.

➤ **Kreisel:** Drehen des Bootes auf der Stelle mit Bogenschlag vorwärts, Hand- und Seitenwechsel, anschließend Bogenschlag rückwärts. Das Boot dreht auf der Stelle.

➤ **S-Schlag:** Ein S-förmiger Fahrverlauf des Kajaks wird mit der Kombination von Duffekschlag und anschließendem Bogenschlag vorwärts auf der gleichen Seite erzielt.

➤ **Wriggen:** Das Paddel wird in der **Ausgangsposition** des Ziehschlages Mitte parallel zur Bootslängsachse vorwärts und rückwärts bewegt. In der **Aktionsphase** beschreibt das Blatt dabei im Wasser eine liegende Acht. Durch die Beugung der Handgelenke stellen wir das Paddel in einen Winkel von etwa 30° zur Bootslängsachse. Das Boot bewegt sich, anders als beim seemännischen Wriggen, seitlich in Aktionsrichtung.

Paddelschläge im Zweierkanadier

Wie im Kajak ist der Kanute im Heck des Zweierkanadiers normalerweise der Kapitän. Er wendet Bogen-, J- , Steuer- oder Ziehschläge an, wenn kleinere Kurskorrekturen notwendig sind.

▮ Soll der Zweier exakt seitlich versetzt werden, wenden beide Paddler gleichzeitig den Ziehschlag Mitte an. Dabei muss einer der beiden Partner übergreifen bzw. die Aktionsseite wechseln.

Ziehschlag Mitte im Zweier

Kombination von Bogenschlag vorwärts und Bogenschlag rückwärts

- Fahren Sie größere Kurven, ist es notwendig, dass Vordermann/-frau mit Bogen- oder Ziehschlägen die Arbeit des Kapitäns unterstützt, während der z. B. einen Hebelschlag ansetzt. Wenn wir so paddeln, verliert unser Zweier kaum an Geschwindigkeit. Allerdings fahren Sie dann nur eine große Kurve.
- Wollen Sie den Zweier hingegen fast auf der Stelle drehen, setzt der Vordermann Bogenschläge vorwärts, der Hintermann Bogenschläge rückwärts auf der entgegengesetzten Seite.
- Eine Drehung erzielen Sie auch, wenn einer der beiden Partner die Aktionsseite wechselt und dann beide die Paddelstütze anwenden. Dabei wird das Boot leicht angekantet. Diese Technik setzt allerdings voraus, dass sich das Boot in schneller Vorwärtsfahrt befindet. Sobald die Geschwindigkeit nachlässt, entwickeln Sie aus der Paddelstütze den Bogenschlag vorwärts. Damit stabilisieren wir uns und bringen das Boot wieder in die Normallage. Eine schöne Vorübung fürs Kehrwasserfahren.

Kehrwasserfahren

Im Einerkanadier

In einem Kehrwasser dreht das Wasser des Flusses sozusagen bergauf. Kehrwasser entstehen nach Verengungen im Flussbett, oft auch in der Innenseite

Kehrwasser entstehen nach Verengungen im Flussbett.

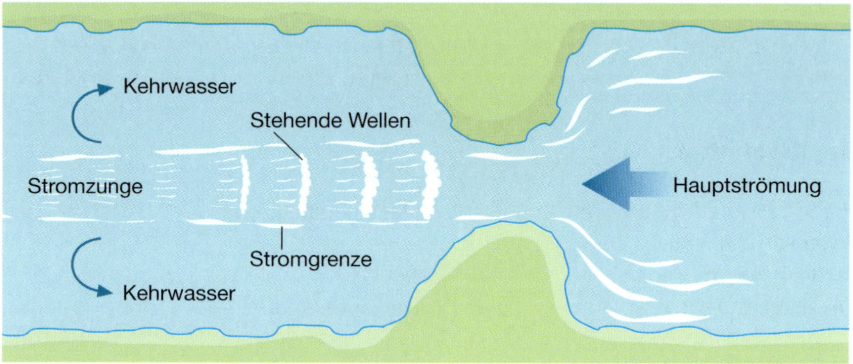

von Kurven. Für den Einsteiger im Kanadier ist das Einschlingen vom Kehrwasser in die Hauptströmung (und umgekehrt) wichtige Lektion in einem Lernprogramm, das die Beherrschung einer Menge instabiler Situationen und vielleicht auch Kenterungen lehrt. Wenn es dann aber prima klappt, ist das ein ganz tolles Gefühl und bringt Selbstvertrauen und Sicherheit. Kurz: Genuss am Fluss.

Vom Kehrwasser in die Hauptströmung (Einschlingen)

Ausgangsposition: Aus dem Kehrwasser starten Sie zügig in Richtung Hauptströmung. Die Aktionsseite ist der Hauptströmung zugewandt. Nach einigen Paddelschlägen hat dann die Hauptströmung den Bug des Kanadiers erfasst. Wenn sich das vordere Bootsdrittel in der Hauptströmung befindet, kanten Sie das Boot zur Kurveninnenseite. Die Strömungsunterschiede drehen das Boot. Zur Unterstützung der Drehung und zur Stabilisierung wenden Sie die Paddelstütze an. Der Fortgeschrittene wird anstatt der Paddelstütze den Ziehschlag vorn anwenden. An besonders kleinen oder scharfen Kehrwassern kann zentimetergenaues Fahren geübt werden.

Von der Hauptströmung in das Kehrwasser (Ausschlingen)

Die Aktionsseite ist dem Kehrwasser zugewandt. Aus der Hauptströmung starten Sie zügig in Richtung Kehrwasser. Nach einigen Paddelschlägen hat dann das Kehrwasser den Bug des Kajaks erfasst. Wenn sich das vordere Bootsdrittel im Kehrwasser befindet, kanten Sie das Boot zur Kurveninnenseite. Das Boot wird gedreht. Zur Stabilisierung wenden Sie wiederum die Paddelstütze oder den Ziehschlag vorn an.
Die Grenze zwischen Kehrwasser/Hauptströmung sollte schnell überwunden werden. Schnelligkeit bringt Stabilität. Die Grenze wird diffuser,

je weiter Sie flussab gelangen. Umso schwieriger wird das Ein- und Ausschlingen.

Im Zweierkanadier

Beim Ein- und Ausschlingen bieten sich zwei Varianten an:

- Beide Fahrer wenden die Paddelstütze an. Voraussetzung: Einer der beiden Partner wechselt vorher die Aktionsseite, so dass beide auf einer Seite stützen.
- Der Vordermann setzt im Übergriff einen Ziehschlag vorn, während der Hintermann mit der Paddelstütze stabilisiert.

Die erste Variante ist stabiler als die zweite und für Einsteiger gut geeignet. Nachteil: großer Drehradius. Variante Nummer zwei sorgt für enges und genaues Drehen, ist aber etwas kippeliger.

Seilfähre (Traversieren)

Im Einer- oder Zweierkanadier von der einen zur anderen Flussseite zu gelangen, ohne dabei mit dem Boot abgetrieben zu werden: Mit der **Seilfähre vorwärts** wird das möglich. Im Kanujargon wird dieses Manöver auch Traversieren genannt. Dabei wird der Bug des Kanadiers schräg stromauf gerichtet. Grundsatz: je schneller die Strömung, desto

Ein sonniger Frühlingsmorgen – Trapperleben in den Ardennen

spitzer der Winkel Boot/Ufer. In einem optimalen Winkel können Sie den Fluss queren, ohne an Höhe zu verlieren. Im Einerkanadier sollte auf der stromab gelegenen Seite gepaddelt werden; im Zweier besorgt dies der Hintermann. Das erspart so manchen J-Schlag.
Sollten Sie vom Kehrwasser aus kommend mit der Seilfähre an das gegenüberliegende Ufer fahren wollen, so gilt auch hier: das Boot zum abfließenden Wasser hin ankanten, sobald der Bug die Strömung erreicht hat.
Die **Seilfähre rückwärts** ist hilfreich, wenn Sie einem Hindernis ausweichen oder sich auf dem Fluss orientieren wollen. Dieses Manöver verlangt vom Solofahrer jede Menge Übung und viel Gefühl. Üben Sie zunächst auf sehr langsam fließendem Wasser. Auf der Aktionsseite wird der Kanadier durch einen Bogenschlag rückwärts zunächst schräg zur Strömung gestellt. Dann wird er durch J-Schläge rückwärts beschleunigt und dabei von der Strömung zur Aktionsseite hin gedrückt.
Im Zweier übernimmt wiederum der Hintermann die Rolle des Solofahrers, während der Vordermann Grundschläge rückwärts setzt.

Kentern

Kenterungen im Kanadier geschehen viel seltener als im Kajak, weil der Kanadier in aller Regel kippstabiler ist. Trotzdem: Sie sollten sich mental darauf vorbereiten. Nach einer Kenterung mit dem Kanadier ist das Verlassen des Bootes normalerweise kein Problem und viel einfacher als im Kajak.

- Schwimmt das Boot kieloben, muss es zunächst umgedreht werden.
- Sie klettern in der Mitte auf den Rumpf, fassen mit beiden Händen an die gegenüberliegende Seite und lassen sich rückwärts wieder ins Wasser fallen.
- Jetzt muss der Kanadier gelenzt werden. Durch seitliches Hin- und Herschaukeln kann zunächst eine gewisse Wassermenge entfernt werden.
- Dann benutzen Sie ein Lenzgefäß.
- Bei Booten mit Innen-Dollbord bzw. Persenning nützt das Schaukeln nichts, es wird von Anfang an ein großes Lenzgefäß oder eine Lenzpumpe eingesetzt.

Kanuwandern

Das Kanuwandern wird allgemein als die ursprüngliche Form des Kanusports bezeichnet. Die Gesamtzahl der aktiven Wasserwanderer allein in den deutschsprachigen Gebieten wird auf über eine Million geschätzt. In Deutschland ist ein Großteil der Aktiven im Deutschen Kanu-Verband (DKV) und seinen Landesverbänden und Vereinen organisiert. Hier kümmert man sich besonders um die Belange des Kanuwandersports. Im Verlag des DKV werden Flusswanderbücher sowie spezielle Flusskarten herausgegeben. Darüber hinaus werden von einzelnen Landesverbänden Kleinflussführer ihrer Gebiete veröffentlicht. Diese Handbücher enthalten komplette Angaben über Befahrbarkeit und Zustand der beschriebenen Gewässer. Die reichlich bebilderten und mit informativen Karten ausgestatteten Gewässerführer aus privaten Verlagen runden das Angebot ab. Für jeden, der sich auf Fahrt begeben will, sind sie wichtige Orientierungshilfe. Dem Anfänger stehen in einem dem DKV angeschlossenen Verein fast immer Übungsleiter, Lehrwarte, Trainer und Fahrtenleiter zur Verfügung, die das Grundwissen und die wesentlichen Techniken vermitteln. Gleiches gilt für Kanuschulen, die auf kommerzieller Basis arbeiten.

Die funkelnde Wasserfläche lädt zur Kanutour ein.

Aber auch dem, der sich nicht einem Verein anschließen will, steht der Kanuwandersport mit seinen vielfältigen Möglichkeiten zur sportlichen Betätigung offen. Die Grundtechniken des Kanufahrens, wie sie in diesem Buch vorgestellt werden, sind relativ leicht erlernbar. Das notwendige Training kann jeder nach seiner persönlichen Leistungsfähigkeit dosieren. Ohne sich den Anforderungen des Wettkampfsports stellen zu müssen, kann jeder Fortgeschrittene sich bis an die Grenzen seiner körperlichen Leistungsfähigkeit belasten.

Unterwegs auf Zahmwasser

Über die funkelnde Fläche eines Sees Spuren ziehen. Endlich sitzen Sie in Ihrem Kanu, genießen die Weite, die frische Luft und den (zeitweisen) Abschied von der Zivilisation. Sie haben das Gefühl, ein wenig zu den Ursprüngen zurückzukehren. Zuschauer am Ufer bleiben stehen, in ihnen steigen Abenteuerlust und Fernweh auf. Das müsste man auch tun können! Aber nach den ersten romantischen Kilometern auf dem Wanderweg Wasser beschäftigen den Kanuten hier und da schon wieder ganz spezielle Probleme, die auf eine Lösung warten. Er wird zum Beispiel feststellen, dass sich ihm der Sportplatz Wasser mit ganz unterschiedlichen Gesichtern präsentiert. Wie und vor allen Dingen wo also den Start in die Kanu-Karriere beginnen und auf welchem Gewässer mit den ersten Paddelschlägen anfangen?

Stehende Gewässer

Dem guten Beispiel folgend wird sich der Kanu-Neuling zunächst auf stehenden Gewässern bewegen. Das sind Teiche und Seen, kleinere und größere fließende Gewässer mit geringer Strömungsgeschwindigkeit und so langsam fließende Gewässer, dass jederzeit gegen die Strömung gepaddelt werden kann. Sie sind für Einsteiger das ideale Revier beim Erlernen der Paddelschläge und für die erste kleine Wanderfahrt.
Die maximale Strömungsgeschwindigkeit beträgt 3–4 km/h.
Doch Vorsicht: Was jetzt wie ein Ententeich aussieht, kann sich im Handumdrehen in einen Hexenkessel verwandeln. Schon auf kleinen Wasserflächen kann der Einfluss plötzlich auftretender Winde enorm sein. Auf großen Seen und Flüssen sowie an der Küste ist die Windstärke ein absolut limitierender Faktor. Bleiben Sie als Anfänger stets in Ufernähe. Von jetzt auf gleich kann starker Wind brechende Wellen erzeugen, die ein Kanu ohne weiteres umschmeißen. Auch bei längeren Touren sollten Sie sich in Ufernähe aufhalten, um bei auffrischenden Winden im Windschatten des Ufers zu paddeln. Aber auch Gegenwind kann enorm ermüdend sein und Sie völlig zermürben. Dann wird jeder Paddel-

Windstille – romantische Abendstimmung auf einem der zahlreichen Seen Kanadas

schlag zur Qual. Suchen Sie sich einen Platz zum Anlanden und »wettern« Sie ab. In der Zwischenzeit genießen Sie bei einem Glas Tee oder Kaffee einfach die schöne Gegend ringsherum.

Fließende Gewässer

Fließende Gewässer mit einer **Strömungsgeschwindigkeit bis zu 5–7 km/h**, also etwas schneller als Fußgängertempo, verlangen schon mehr. Das Paddeln gegen die Strömung ist zwar noch möglich, erfordert jedoch – vor allem im Kanadier – einigen Kraftaufwand. Diese Gewässer sind auch von kanusportlichen Einsteigern nach Erlernen der grundlegenden Techniken zu befahren. Sie sind gut geeignet, um das Fahrverhalten unter Strömungseinwirkung zu üben. Kleinere Kehrwasser laden zum Spielen ein.
Fließende Gewässer, deren Strömungsgeschwindigkeit bereits über 7 km/h

Kristallklares Nass – die Kajaks wie schwebend auf einem Fjord in Neuseeland

liegt, verlangen deutlich mehr. Gegen diese Strömung ist in der Strommitte kaum mehr anzupaddeln. Buhnen und Molen mit ihren Kehrwassern sind ein nicht zu unterschätzender Knackpunkt in der Karriere des Kanu-Einsteigers. Die Grenze zwischen Kehrwasser und Hauptströmung ist vom Kanu aus kaum zu sehen und muss mehr oder weniger erahnt werden. Sand- und Kiesbänke, Uferverbauungen oder Brückenpfeiler machen die Befahrung eines Flusses möglicherweise zu einem Kentertest. Starke Wellenbildung durch Schiffsverkehr und Wind können hinzukommen, so dass manchmal urplötzlich Wildwasser entsteht. Solche Gewässer sind nichts mehr für Anfänger. Ohne Spritzdecke und das entsprechende Know-how schwappen die Wellen schneller ins Boot, als Ihnen lieb sein wird.

Unterwegs entlang der Küste

Bei Küsten- und Wattfahrten werden – leider immer wieder – die möglicherweise auftretenden Schwierigkeiten nicht nur von Anfängern unterschätzt. Zu den durch Wind ausgelösten Schwierigkeiten kommen noch spezielle Effekte, die mit Ebbe und Flut zusammenhängen. Fahrten in diesen Tourengebieten unterliegen daher eigenen Gesetzmäßigkeiten. Immer wieder werden leichtsinnige Anfänger von zufällig vorbeikommenden Helfern oder sogar vom Seenotrettungsdienst gerettet. So gut wie nie sind allerdings kompetente und verantwortungsbewusste Kanuwanderer darunter. Vor der Fahrt werden Wetter- und Strömungsverhältnisse sorgfältig abgecheckt. Tidenkalender, Seekarten und die Seeschifffahrtsstraßenordnung werden zu Rate gezogen. Seezeichen müssen erkannt und Kompass sowie Signalgeräte bedient werden. Vor jedem Start sollte über Radio der Seewetterbericht für die nächsten Stunden und Tage abgehört werden. Sie sehen also: Dies ist eine absolut komplexe Materie, die über

Fahrten an der Küste unterliegen eigenen Gesetzmäßigkeiten: Uferpartie auf Elba.

das eigentliche Kanuwandern weit hinausgeht und spezieller Schulung bedarf. Wer allerdings nur in einer stillen Bucht paddeln will, also in der meist windgeschützten Nähe des Ufers bleibt, benötigt keine besondere Ausrüstung. Die Strömungsverhältnisse, den Stand der Gezeiten und vor allen Dingen die Wetterlage sollte jedoch auch er kennen. Die einzelnen Kenntnisse, Fähigkeiten und Fertigkeiten des Salzwasserfahrens hier zu schildern, würde den Umfang dieses Buches sprengen. Verwiesen sei an dieser Stelle darauf, dass der DKV über seine Referenten und Wanderwarte gerne mit Auskünften weiterhilft. Außerdem hält er für kanubegeisterte Küstenfahrer weitere Informationen zum Thema Küstenpaddeln auf seinen Internetseiten (www.kanu.de) bereit.

Unterwegs auf Wildwasser

»Wasser hat keine Balken« – das werden Sie spätestens dann feststellen, wenn Sie es mit »richtigem« Wildwasser zu tun haben. Wasser ist Leben, Wasser lebt, Wasser entwickelt Eigenleben. Ähnlich wie das Salzwasserfahren erfordert das Fahren auf Wildwasser ganz besonderes Können. Neben intensivem Techniktraining, spezieller Ausrüstung und besonderen Sicherheitsvorkehrungen gehören Mut und Risikobereitschaft zur Grundausstattung. Und diese Eigenschaften können Sie nicht kaufen – Sie müssen sie Stück für Stück, manchmal in sehr kleinen Schritten, erwerben. Diese Voraussetzungen können Sie am besten durch die Teilnahme an speziellen Kursen erwerben. Dabei werden Sie als Kursteilnehmer Schritt für Schritt an die langsam zunehmenden Schwierigkeiten herangeführt, lernen diese objektiv und richtig zu analysieren und zu bewältigen. Kanufahren auf Wildwasser ist eine hochkarätige sportliche Leistung, die ökonomischen Krafteinsatz, schnelles Erkennen der Situation und sichere Reaktion erfordert. Grundlage für sicheres und lustvolles Wildwasserfahren ist auch hier die Kenterrolle, die in speziellen Kursen vermittelt wird. Das Wissen um das Wildwasserfahren würde ebenfalls ein ganzes Buch füllen. Auch hier sind Vereine, Kanuschulen und der DKV kompetente Ansprechpartner, wenn es um ausführliche Information und Vorbereitung geht.

Goldene Regeln zum grünen Paddeln

Kanuten sind Umweltschützer. Sie bewegen sich aus eigener Kraft lärm- und schadstofffrei. Sie lieben die Natur und setzen sich für den Erhalt naturbelassener Flüsse und Bäche ein. Für den Einsteiger, aber auch als Erinnerungshilfe für den ambitionierten Öko-Kanuten

Kanuten setzen sich für den Erhalt naturbelassener Flüsse und Seen ein.

habe ich hier die wichtigsten Informationen, empfohlene Verhaltensmuster und unumgängliche Regeln für das umweltverträgliche Kanuwandern gebündelt. Regelmäßig veröffentlicht der Deutsche Kanu-Verband das aktuelle Verzeichnis der Befahrungsregelungen und Pegeldienste im Sportprogramm und auf seinen Internetseiten.

Vor der Tour

Informieren für naturbewusstes Paddeln

Informieren Sie sich vor der Fahrt über das Gewässer, das Sie befahren wollen. Nicht nur über seine Gefahren für Sie, sondern auch über mögliche Umweltgefährdungen. Diese fangen bereits mit der Gruppengröße an. Kleine Gewässer dürfen auch nur in kleinen Gruppen mit kleinen Booten befahren werden. Vermeiden Sie vor allem unnötige Autofahrerei. Das gilt für An- und Abfahrt ebenso wie für den Transfer am Fluss. Mit Bus, Bahn oder Rad lässt sich unnötiger Autoverkehr vermeiden.

Während der Tour

Lebensräume respektieren und schützen

Ein Teil unserer Flüsse, Bäche und Seen gehört zu den Lebensräumen seltener Blumen, Sträucher, Farne und Bäume. Sie sind Bestandteil eines sensiblen

ökologischen Landschaftsbereichs, den es ebenso sensibel im Kanu zu erfahren gilt.
Alle einigermaßen natürlich belassenen Feuchtgebiete sind von besonderer Bedeutung. Es geht um das ökologische Gleichgewicht von Wald und Flur. Flachwasserbereiche, Uferzonen und angrenzendes Umland sind Brut- und Aufzuchtgebiete für viele Tierarten, insbesondere Wasservögel. Von April bis Juli sind die wasserliebenden Vogelarten durch das Brut- und Aufzuchtgeschäft stark belastet. Vermeiden Sie daher alles, was die Tiere zusätzlich stören oder auch nur beunruhigen könnte.

Ansprüche der Pflanzen und Tiere akzeptieren

Pflanzen und Tiere dürfen bei der Umsetzung unserer Freizeitinteressen nicht vergessen werden. Eisvogel, Wasseramsel, Uferschwalbe oder Fischotter z. B. sowie wild wachsende Orchideen und viele Schilfarten dürfen weder gestört noch zerstört werden. Auf keinen Fall dürfen Sie Tierbabys oder Jungtiere berühren oder von ihren Eltern trennen; sie würden das möglicherweise nicht überleben. Halten Sie möglichst großen Abstand von Nestern und nachwuchsführenden Wasservögeln. Passen Sie Ihren Fahrstil an. Wenn ein Vogel auffliegt: Abstand zwischen den Booten vergrößern, Reden einstellen und mit ruhigen Paddelschlägen vorbeischleichen.

Sind Sie zu mehreren Booten unterwegs und müssen an einem Nest oder an einer Vogelfamilie vorbei, so halten Sie die Boote zusammen. Warten Sie, bis die Tiere in Sicherheit sind und passieren dann zügig. Eine kurze empfindliche Störung ist ärgerlich, aber immer noch besser, als viele kleine wiederholte Störungen, die sich länger hinausziehen.

Wasserstand prüfen

Überprüfen Sie am Gewässer, ob der Wasserstand für Ihre geplante Paddeltour auch wirklich gut ausreicht. Bei zu geringem Wasserstand werden Tiere und Pflanzen im Flussbett geschädigt oder getötet, Fischlaich zerquetscht. Sie sollten möglichst immer einen halben Meter Wasser unter dem Kiel haben. Lernen Sie in speziellen Kursen oder als Autodidakt per Buch und Broschüre Fakten über Tiere und Pflanzen, um ökologisches Rüstzeug zu erwerben. Dann können Sie z. B. auch die Laichzeiten beachten. In den Mittel- und Unterläufen der breiteren Flüsse wird im seichten Wasser von März bis April gelaicht. Die kritische Zeit für die Jungfische dauert bis in den August.

Übernutzung von Gewässern vermeiden

Auf geeigneten Abschnitten großer Flüsse und Seen werden durch Vereine und Verbände Großveranstaltungen durchgeführt. Diese Veranstaltungen (Rallyes,

Touren, Wettkämpfe) werden in Absprache mit den Naturschutzverbänden und Behörden organisiert. Es haben sich allerdings auch schon Situationen ergeben, in denen an Ferienwochenenden auf besonders interessanten Streckenabschnitten kleinerer Gewässer, die sich nicht ohne weiteres für Massenveranstaltungen und Ausflugsverkehr eignen, eine große Zahl naturhungriger Kanuten mehr oder weniger zufällig versammelten. Verzichten Sie, wenn es auch schwerfällt, auf die Befahrung von Gewässern, deren Übernutzung Sie bereits vor dem Start erkennen. Versuchen Sie, auf ein naheliegendes Gewässer auszuweichen. Meiden Sie ungeeignete Gewässer auch dann, wenn andere bereits darauf fahren. Entschuldigen Sie nicht eigenes Fehlverhalten damit, dass andere die Natur eh schon belasten. Jedermann ist selbst für die Umweltverträglichkeit seiner Freizeitbeschäftigung verantwortlich. Lassen Sie nicht zu, dass Dinge in Ihrem Beisein geschehen, deren Entdeckung oder Wiederholung dazu führen könnte, dass die Befahrung des Gewässers behördlich verboten wird.

Verständnis für Anlieger und Mitnutzer entwickeln

Das Umtragen von Stauanlagen über Privatgrundstücke ist nur in wenigen Bundesländern ausdrücklich gestattet, ansonsten wird es bestenfalls stillschweigend geduldet. Besondere Vorsicht und Rücksichtnahme sind darum unbedingt erforderlich. Ein freundliches Wort, ein Gruß an den Eigentümer wirbt für Verständnis und baut Vorurteile ab. Das gilt auch für Mitnutzer wie z. B. Angler. Meiden Sie die allzu nahe Begegnung und umfahren die Angelschnur nach Möglichkeit weiträumig. Auch hier bewirkt ein freundliches »Hallo« anstelle ignoranter Paddelei manchmal Wunder.

Respekt vor Pflanzen und Tieren ist selbstverständlich.

Stellen Sie Ihren Pkw bitte auf öffentlichen Parkplätzen ab, und nicht auf Privat- oder Forstwegen oder Parkplätzen von Gaststätten. Bei den Einheimischen sorgen Sie für »Rückenwind«, indem Sie Kontakte knüpfen, Hinweisschilder beachten und die einheimische Gastronomie unterstützen.

Genießen Sie die Stille und Einsamkeit beim Kanuwandern, es gibt heutzutage nicht mehr viel davon. Stören Sie bitte

nicht andere, die auch Ruhe und Erholung suchen. Vermeiden Sie daher Lärm – lassen Sie bitte das Kofferradio zu Hause.
Besonders hässliche Überbleibsel mancher Tour sind Dosenclips und Kronenkorken sowie Getränkedosen und -flaschen. Sammeln Sie Ihre Abfälle in einem mitgebrachten Behälter; sie haben in der Natur nichts zu suchen. Was Sie mitbringen, sollten Sie auch wieder mit nach Hause nehmen. Werfen Sie die Abfälle am Ende Ihrer Fahrt in eine Mülltonne. Um Müll von vornherein zu reduzieren, können Sie nach Möglichkeit Mehrwegverpackungen verwenden.

Was Kanuten in die Natur mitbringen, nehmen sie auch wieder mit nach Hause.

Schutzgebiete akzeptieren

Leider sind nach den unbarmherzigen Begradigungen von Gewässern durch ganze Generationen von Wasserbauingenieuren natürliche Verhältnisse nur noch an wenigen Abschnitten unserer Flüsse und Seen zu finden. Sie werden feststellen, dass sich nur noch selten Gewässer völlig unverbaut präsentieren. Im Gebiet der Bundesrepublik Deutschland sind es keine zehn Prozent. Diese Gewässer sind schützenswert; respektieren Sie daher unbedingt die Befahrensregelungen!
Dankenswerterweise werden in zunehmendem Maße Gewässer renaturiert. Der Rückbau dieser Gewässer erfolgt nicht zuletzt aufgrund der Erkenntnisse in den letzten Jahren, als katastrophale

In Naturschutzgebieten – wie hier auf dem Taubergießen – gelten besondere Bestimmungen.

Hochwasser uns drastisch vor Augen führten was passiert, wenn der Mensch radikal Flüsse begradigt und die Landschaft versiegelt.

Wie schön ist es, als Besitzer eines eigenen Kanus und damit als Kapitän auf intakten Gewässern unterwegs zu sein. Aber in diesen schönen, noch relativ unberührten Landstrichen sind Sie keineswegs ohne besondere Pflichten unterwegs. Wir Kanusportler sind aufgerufen, alles dafür zu tun, dass von unserem Sport keine Beeinträchtigung der Natur ausgeht. Der umsichtige Kanufahrer zeichnet sich dadurch aus, dass er auf die jeweiligen Gegebenheiten seiner Umgebung Rücksicht nimmt.

In vielen Bereichen sind Natur- und Landschaftsschutzgebiete ausgewiesen. Hier gelten besondere Bestimmungen zum Schutze der Natur. In manchen Gegenden ist das Befahren einzelner geschützter Gewässer sogar ganz verboten. Verstöße gegen die Bestimmungen für das Fahren und Parken in Landschafts- und Naturschutzgebieten werden zu Recht mit empfindlichen Strafen (hohe Bußgelder) durch den Gesetzgeber geahndet. Auch längere Tragewege für Kanu und Ausrüstung zur Einbootstelle sind zumutbar. Die Verbote werden von den Forstverwaltungen und anderen Institutionen zum Teil peinlich genau kontrolliert.

Empfindliche Uferbereiche schonen

Starten Sie Ihre Paddeltour nur von Stellen, wo Sie ganz sicher keine Schäden am Ufer verursachen. Rasten und Lagern ist nur an Plätzen möglich, wo das Ufer nicht beschädigt werden kann. Zelten außerhalb von ausgewiesenen Campingplätzen ist in Deutschland und den angrenzenden Ländern ausnahmslos verboten. Verzichten Sie darauf, Feuer zu machen; es ist in der freien Natur überall untersagt. Ausgenommen davon sind nur die besonders gekennzeichneten Grill- und Lagerplätze.
Beim Anlanden nicht das ganze Ufer mit Booten eindecken, sondern Boote an der Treidelleine befestigen und im »Päckchen« auf dem Wasser schwimmen lassen. So schaffen Sie rücksichtsvoll vorausschauend Platz für Neuankömmlinge. Die werden es Ihnen mit Sicherheit danken.

Nach der Tour

Umweltverschmutzung melden

Frei nach dem Motto: »Nach der Fahrt ist vor der Fahrt« sollten Sie eventuell festgestellte Beeinträchtigungen der Gewässer z. B. durch unerlaubtes Einleiten von Abwässern nicht einfach ignorieren. Melden Sie Umweltverschmutzungen an Flüssen und Seen dem DKV. Durch ihn erhalten Sie auf Anfrage auch weitere aktualisierte Informationen zum Thema Gewässersperrungen und naturbewusstes Paddeln.

Körperliche Vorbereitung

Haben Sie sich für eine Wochenendtour auf der Altmühl entschieden? Oder für die etwa einwöchige Umrundung des Bodensees? Womöglich für eine Fahrt entlang der Ostseeküste Schleswig-Holsteins? Sie werden erfahren, wie unterschiedlich die Anforderungen an Ihre körperliche Leistungsfähigkeit sein werden.
Für einen Wochenendtrip auf dem gemütlichen Kleinfluss werden Sie sozusagen aus dem Stand die notwendige Ausdauer mitbringen. Wenn Sie die Tagesetappe entsprechend wählen, werden Sie sich womöglich durch stundenlanges Treibenlassen auf dem Fluss dem Ziel rechtzeitig nähern. Anders sieht es dagegen bei einer längeren Tour wie z. B. der Umrundung des Bodensees aus. Da hilft Ihnen keine Strömung, da gibt es Gegenwind, da müssen Sie schon einige tausend Paddelschläge setzen, um an das Ziel Ihrer Wünsche zu kommen. Klar, dass da eine gewisse konditionelle Vorbereitung sinnvoll ist. Kanuwandern ist allerdings kein Kraftsport – Muskeln aus dem Bodybuilding-Studio sind eher hinderlich. Wer die Gelegenheit hat, vor einer längeren Tour 2- bis 3-mal in der Woche eine Stunde über ein nahegelegenes Gewässer zu schippern, der ist sicher optimal vorbereitet.
Ansonsten ist das Kanuwandern am besten mit einer ausgiebigen Fußwande-

Schnell fließendes Wasser verlangt schnelle Reaktionen: der Bow River in British-Columbia.

rung zu vergleichen. Wenn der Bewegungsablauf automatisiert ist, gehen oder paddeln Sie ohne großen Kraftaufwand.

Etwas ernsthafter sollten Sie sich allerdings auf Küstenfahrten und auf Wildwasserfahrten vorbereiten. Auf dem Meer – sei es auch nur die Küste – können die äußeren Umstände eine gute Ausdauerfähigkeit lebensnotwendig machen. Dafür sorgen Wind, Wellen und Strömungen. Oder denken Sie an eine Überfahrt zu einer Insel. Es kann leicht sein, dass Sie eine Stunde oder auch länger intensiv paddeln müssen. Da ist es gut zu wissen, wie sich Ihr Körper verhält. So etwas sollten Sie vorher schon einmal ausgetestet haben.

Auf Wildwasser wird insbesondere Ihre Schnelligkeit und Ihr Reaktionsvermögen gefordert. Regelmäßig tauchen vor Ihnen unvermittelt Hindernisse z. B. in Form von Felsen auf, die es zu umfahren gilt. Das blitzschnelle Reagieren, verbunden mit kräftigem Paddeleinsatz, fordert einiges an Erfahrung und Kraft. Exaktes Fahren auf Wildwasser simulieren Sie zuhause am besten mit Torstangen, wie sie beim Slalomfahren verwendet werden. Kanuslalom ist die »hohe Schule« des Kanusports.

Hindernisse, Tipps und Tricks beim Kanuwandern

Treideln

Bei bestimmten Wasserständen und auf besonderen Streckenabschnitten kann es notwendig werden, dass Sie auf manchen Strecken das Boot verlassen und Ihr Kanu wie einen Hund an der Leine ziehen. Solange Sie das Boot im seichten Wasser hinter sich herziehen können – kein Problem. Zum Treideln vom Ufer aus benötigen Sie allerdings etwa 20 m Seil. Die Enden werden an Bug und Heck festgeknotet. Treideln Sie stromab und fließt das Wasser langsamer als Sie gehen, so ziehen Sie das Boot mit der Heckleine, während mit der Bugleine der Abstand zum Ufer ausgesteuert wird. Fließt das Wasser schneller als Sie treideln, wird umgekehrt verfahren. Beim Treideln stromauf zeigt das Heck zum Ufer, während der Bug im mehr oder weniger spitzen Winkel vom Ufer weg zeigt.

Wellen

Wellen entstehen, wenn Wasser beschleunigt wird, z. B. an einer Einengung des Wasserlaufs. Soweit die physikalische Erklärung. Wellen, seien sie groß

Bei niedrigen Wasserständen wird gelegentlich getreidelt.

oder klein, waren und sind für mich immer wieder Gefährten, die mich belustigen, die mir Abwechslung bringen, die mich zum Spielen und Balancieren herausfordern. Kiesbänke, Felsen und Felsriegel, aber auch Brücken und Motorschiffe sind die Auslöser für Wellen. Doch Vorsicht! Ihre erste Begegnung mit Wellen kann auch dramatisch verlaufen. Versuchen Sie, die Schwierigkeiten langsam zu steigern. Auf kleineren Flüssen entwickeln sich Schwälle in V-Form mit Kehrwassern und so genannter »Zunge«. Das Wasser läuft an dieser Stelle zunächst glatt ab. Im Verlauf der Zunge bilden sich Wellen. Die Kehrwasser an den Seiten der Zunge bieten Möglichkeiten, um nach der Aktion im Schwall auszuruhen. Das »V« ist vom Ufer aus leicht zu erkennen, aber es gehört Übung dazu, es vom darauf zufahrenden Boot aus wahrzunehmen. Vom Ufer aus betrachtet sehen Wellen meist kleiner aus als später während der Fahrt im Kanu. Außerdem ergeben sie immer ein mehr oder weniger deutliches Muster. Vom Boot aus sieht die Sache anders aus. Der vom Ufer aus gesponnene Plan wird umgeschrieben. Jetzt zeigen fast immer die höchsten Wellen den besten Weg. Hier ist das Wasser tief und fließt besonders schnell. Wenn der Anfänger einen Schwall befährt, wird er sich sicherer fühlen, wenn er schneller

Auch auf kleinen Flüssen, wie hier auf der Rhume, entwickeln sich Schwälle mit Kehrwassern.

fährt als das Wasser. Der Grundschlag vorwärts und kleinere Korrekturschläge reichen aus. Wenn es dann doch zu kippelig werden sollte, hilft eine Paddelstütze.

Wehre, Schleusen, Boots- und Floßgassen

Wehranlagen in jeder Form sind immer mit größter Vor- und Umsicht zu erkunden und dann eventuell zu befahren. Schon kleinste Wehre können einen derartigen Rücklauf entwickeln, dass ein gekenterter Kanute keine Chance hat, diesem gewaltigen Sog zu entkommen. Fast alle tödlich verlaufenden Unfälle beim Kanuwandern geschehen an Wehranlagen.

Kleine, handbetriebene Schleusen stellen eine schöne Abwechslung dar. An und in Schleusen der Schifffahrtsstraßen sind Sie oft nicht allein. Lassen Sie zunächst die größeren Schiffe einfahren und achten Sie auf die Anweisungen des Schleusenwärters.

Bootsgassen ergänzen gelegentlich Wehre und Schleusen. Ein Stück künstliches Wildwasser sorgt für Erfrischung. Diese Bootsgassen sind fast immer unproblematisch zu befahren. Trotzdem ist ein kurzer vorheriger Check empfehlenswert.

Floßgassen sind auf Gebirgsflüssen anzutreffen. Wenn nicht geflößt wird, sind sie gelegentlich befahrbar. Auch hier gilt: im Zweifelsfalle umtragen!

Fahrregeln auf Großgewässern

Solange wir auf kleinen Bächen und Seen unterwegs sind, werden uns kaum andere Wasserfahrzeuge in die Quere kommen. Anders verhält es sich auf großen Strömen, Flüssen, Kanälen oder Binnenseen mit Schiffsverkehr. Hier müssen wir uns nach der Binnenschifffahrtsstraßenordnung richten. Die Regelungen sind so kompliziert wie dieses Wortungetüm aus der Beamtenstube.

Grundregel: Die Berufsschifffahrt genießt Vorrang vor der Sportschifffahrt. Wir halten uns möglichst außerhalb der Fahrrinne der Berufsschifffahrt. Die Wasserschutzpolizei reagiert auf das Fahren in der Fahrrinne ausgesprochen sauer und scheut sich auch nicht, saftige Bußgelder zu verhängen. In der Tat gibt es makabre Beispiele von gekenterten Paddlern oder Schwimmern, die in die Schiffsschraube gerieten. Die Sogwirkung, insbesondere bei großen Schubschiffen, ist enorm.

Müssen Sie die Fahrrinne ausnahmsweise einmal queren, paddeln Sie auf der kürzesten Strecke zur anderen Seite. Große talfahrende Schiffe nähern sich manchmal schneller als Ihnen lieb ist. Wer in der Fahrrinne unterwegs ist, muss daran denken, dass Paddelboote unter bestimmten Verhältnissen nur schwer oder gar nicht vom Kapitän auszumachen sind. Bei großen Schiffen kann der tote Winkel bis zu 400 Meter betragen.

Ankerketten und Trossen sind für Paddler gefährlich. Erwischt Sie eine schwingende Trosse, sorgt sie möglicherweise für eine überraschende Kenterung mit den damit verbundenen Risiken. Ähnliches gilt bei der Begegnung mit Schleppzügen. Es ist riskant und streng verboten, zwischen zwei Schleppeinheiten hindurchzupaddeln. An der Spitze eines Schleppverbandes führt das erste Schiff einen gelben Zylinder, der oben und unten mit je einem schwarzen und weißen Streifen eingefasst ist. Das letzte Fahrzeug eines Schleppverbandes führt einen gelben Ball. Beide Zeichen werden so angebracht, dass sie von allen Seiten gut sichtbar sind.

Buhnen und Kribben, Brücken, Bagger und Fähren

Für unklare Strömungsverhältnisse sorgen Buhnen und Kribben. Je nach Strömungsverlauf entsteht hier ein mehr oder weniger ausgeprägtes Kehrwasser mit den damit verbundenen Wirbeln (siehe auch »Kehrwasserfahren«, S. 60). Kräftige Kehrwasser finden wir bei entsprechender Strömung auch an Brückenpfeilern. Steilufer und Kaianlagen sind fast eine Garantie für starken Wellengang. Die von der Schifffahrt verursachten Wellen werden reflektiert und schaukeln sich auf. In den einander kreuzenden Wellen kann es schnell einmal so unübersichtlich werden, dass auch die Paddelstütze nicht mehr viel Halt bietet.

Für Kanuten sind Brücken vielfach Einboot- oder Ausbootpunkt einer Kanutour. Brückenpfeiler allerdings können gefährlich werden. Nämlich immer dann, wenn sie mitten im Strom liegen. Es gilt: Abstand halten!

Über Kleinflüsse führen Stege und Brücken, die nur knapp über dem Wasser liegen. Landen Sie frühzeitig an und prüfen die Höhe. Schon mancher hat sich eine dicke Beule geholt, weil die Höhe überschätzt wurde.

Es lärmt und kreischt auf dem Fluss: Machen Sie um Kiesbagger immer einen weiten Bogen. Dabei sind weniger die Schaufeln und Eimer gefährlich, sondern die Seile, an denen diese Bagger hängen. Rote Bojen sind als Markierung ausgelegt. Auf der »verbotenen« Seite des Baggers hängt ein rot-weiß-rotes Zeichen (Tafel, Ball oder Flagge). Die Durchfahrtsseite wird durch grün-weiß-grüne Zeichen angezeigt.

Seilfähren werden durch blau-weiße Schilder angezeigt. Sie haben als Kanute den Seilfähren immer Vorfahrt zu gewähren. Vorsicht: Auch wenn eine Seilfähre das Ufer fast schon erreicht hat, kann das unter Wasser befindliche Seil noch an die Wasseroberfläche schlagen.

Kennzeichnungspflicht

Im besten Amtsdeutsch ist unser Kanu ein Kleinfahrzeug, der Kanute ein Schiffsführer. Sind Sie im Zweier oder

im Mannschaftskanadier unterwegs, »... hat die Schiffsmannschaft den Anordnungen des Schiffsführers Folge zu leisten«.
Die jahrzehntelang für jedes Kanu vom Gesetzgeber vorgeschriebene Kennzeichnungspflicht ist inzwischen ersatzlos entfallen. Als Mitglied eines Kanuvereins benötigen Sie lediglich den Vereinsnamen und den Bootsnamen auf Ihrem Kajak oder Kanadier. Zusätzlich empfehle ich Ihnen den Wimpel des Deutschen Kanu-Verbandes als Kennzeichnung. Mit diesen Kennzeichnungen dokumentieren Sie Ihre Zugehörigkeit zum Verein und Verband. Sie erleichtern damit auch das Auffinden des Eigentümers, falls das Boot bei Kenterung oder Diebstahl einmal abhanden gekommen sein sollte.
Wenn Sie sich darüber hinaus noch genauer über die Binnenschifffahrtsstraßen-Ordnung informieren möchten, können Sie sich in jeder Buchhandlung das entsprechende Handbuch bestellen.

Mehrtägige Kanuwanderungen

Die Vorbereitungen auf eine mehrtägige Kanuwanderung verlaufen bei mir immer einigermaßen chaotisch. Einerseits glaube ich jedes Mal, aufgrund meiner Erfahrungen in diesen Dingen auf eine Checkliste verzichten zu können, andererseits fallen mir später während der Fahrt immer wieder Kleinigkeiten ein, die zwar nicht existenzielle Bedeutung haben, die ich aber doch eigentlich gerne dabeigehabt hätte. Es sind dieses manchmal so profane Dinge wie Kerzen oder Suppenwürfel, manchmal aber auch mir wichtige Dinge wie ein Roman, in dem ich gerade schmökerte und der nun einsam und verlassen zuhause auf meine Rückkehr wartet. Um solchen Situationen zu entgehen, vertraue ich bei größeren Unternehmungen lieber auf meine persönliche Checkliste, die im Laufe der Jahre entstand, in einer meiner Schubladen liegt und von Zeit zu Zeit aktualisiert wird.
Wer auf eine mehrtägige Kanuwanderfahrt gehen will, benötigt neben Kajak oder Kanadier Zelt, Kocher und Schlafsack sowie das übrige Zubehör. Sind Sie noch länger unterwegs, erweitert sich die Liste der notwendigen Teile. Dann sollten Sie zusätzlich zu den üblichen Ausrüstungsteilen noch weitere Ausstattung mit an Bord haben. Viel hängt davon ab, wohin Sie fahren wollen, mit welchem Partner und in welchem Boot. Der Kanadier verträgt mehr Zuladung als der Kajak. Mit Ihrer Ausrüstung müssen Sie dann irgendwo den Kompromiss zwischen notwendigen und wünschenswerten Teilen finden. Wer es als Gourmet gerne bequem hat, wird mehr einladen müssen als der Asket, der seine Kanuwanderung mit dem Diätplan in Übereinstimmung bringt.
Die folgende Liste gibt einen ersten Überblick, was wichtig ist und an Bord sein sollte.

Campingausrüstung

- Zelt
- Zeltunterlage
- Isomatte, Thermarest- oder Luftmatratze
- Schlafsack mit Inlet
- Taschenlampe und Kerzenlampe

Kanuwandern bedeutet Abschied von der Zivilisation auf Zeit.

Für ein gutes Zelt müssen Sie gutes Geld bezahlen. Das gediegene Zelt erkennen Sie an den Details in der Verarbeitung. Qualität ist erkennbar an: Baumwoll-Mischgewebe fürs Innenzelt, Moskitonetze an den Eingängen, leichtlaufende Reißverschlüsse, regensicherer Schutz auf dem Überdach, versiegelte Nähte, verstärkte Befestigungen und weitere Verstärkungen dort, wo etwa das Gestänge aufsteht.
Ich bevorzuge Kuppelzelte. Andere mögen einem Tunnel- oder Firstzelt den Vorzug geben. Auf jeden Fall sollten Sie ein neues Zelt beim Fachhändler im aufgebauten Zustand sehen, um sich einen Eindruck zu verschaffen.
Was die Schlafunterlage angeht, greife ich gerne auf die Thermarest-Liegematten oder ähnliche Fabrikate zurück. Das sind selbst aufblasende Matten, deren Schaumstoffkern bei offenem Ventil die Luft ansaugt. Sie sorgen neben dem guten Liegekomfort auch für eine effektive Isolation. Wichtig in der kälteren Jahreszeit oder in nördlichen Gefilden.
Bei den Schlafsäcken schwöre ich auf Daunenfüllungen. Geringes Gewicht, hohe Isolierleistung, geringer Platzbedarf – das sind die Qualitätsmerkmale. Daune ist allerdings ziemlich nässeempfindlich. Wer in Gegenden mit viel Regen unterwegs ist, sollte vielleicht doch lieber Kunststofffüllungen wählen. Die wärmen sogar noch, wenn sie feucht sind. Eine schöne Kombi: Daune oben und Kunststoff unten.

Kochutensilien

- Campingkocher mit Brennstoff
- Kochtöpfe, Pfanne
- Spüli und Schwamm
- Streichhölzer und Feuerzeug
- Geschirrtuch
- Geschirr
- Besteck
- Taschenmesser
- Wassersack
- Micropur zur Desinfektion des Wassers
- Weithalsflaschen mit Lebensmitteln

Seit mehr als zwanzig Jahren koche ich ohne weitere Probleme auf meinem Spirituskocher. Einziger Nachteil: In manchen Ländern ist Brennspiritus nur schwer zu bekommen. Andere schwören

Idyllisches Campen in den Ardennen

auf ihren Benzinkocher, weil dieser Brennstoff überall und obendrein noch preiswert zu bekommen ist. Dabei sind sie sparsamer, so dass der Vorrat lange reicht.

Lebensmittel

- Gewürze
- Trockensuppen
- Brot
- Kekse
- Tee/Kaffee
- Marmelade /Honig
- Käse
- Salami
- Butter
- Reis
- Rosinen und Nüsse
- Trockengemüse
- Kartoffelpüree
- Fleischkonserven
- Öl
- Schokolade

Bei Fahrten über das Wochenende ist es nicht weiter schwer, sich mit Verpflegung einzudecken. Anders bei längeren Fahrten oder Touren im Ausland. Da kann das Gewicht der Lebensmittel schnell die Zuladekapazität sprengen. Daher mein Grundsatz bei solchen Fahrten: auf wasserhaltigen Proviant und Konserven möglichst verzichten, um Gewicht zu sparen. Wasser ist fast überall nach entsprechender Vorbereitung (Abkochen, Micropur) in ausreichender Menge verfügbar.
Anders beim Wasserwandern auf Salzwasser: Hier sollten wir pro Person und Tag jeweils 5 Liter Wasser bis zur nächsten Süßwasserstelle einplanen. In Gebieten mit bekanntermaßen verseuchtem Wasser kann der Katadyn-Filter (teuer, aber zuverlässig) eingesetzt werden. Es dauert zwar, bis Liter um Liter des kostbaren Lebensmittels durchgelaufen und gereinigt sind; dafür wird aber aus jeder trüben Brühe steriles Trinkwasser. Die Kerze dieses Filters muss allerdings gelegentlich gereinigt werden.

Bordapotheke

Schmerzmittel (Aspirin u. ä.)
Mückencreme
Allergietabletten
Pflaster
Mullbinden
Leukoplast
sterile Wundauflage

Je weiter Sie sich von der Zivilisation entfernen, umso umfangreicher wird diese Liste werden. Sprechen Sie mit Ihrem Arzt, wenn Sie unsicher sein sollten, wie Sie diese Liste sinnvoll ergänzen. Am besten verpacken Sie all diese Dinge in eine wasserdichte Plastikbox, die Sie keinesfalls längere Zeit der Sonne aussetzen.

Hygieneartikel

Taschentücher
Kulturbeutel mit Inhalt
Toilettenpapier
Klappspaten

Und in diesem Zusammenhang, es sei einmal angesprochen: Bitte nicht irgendwohin ... Einige Einbootstellen an bekannten Flüssen wurden gesperrt, weil genau das der stinkende Grund war. Sollte es trotzdem unumgänglich sein: Ein Klappspaten ist wichtigstes Werkzeug.
An weiterem Kleinkram, Schreibzeug und anderem Bedarf kann natürlich so viel zugeladen werden, wie aufgrund der speziellen Tourenplanung notwendig erscheint. Sie werden da Ihre ganz eigenen Erfahrungen machen. Nur eine Bitte: Überladen Sie das Boot nicht. Es wird schwerer, langsamer und unbeweglicher. Und noch etwas: Das ganze Zubehör sollte auf jeden Fall zuverlässig wasserdicht verpackt werden. Die wasserdichten Beutel und Tonnen sollten

Kanutouren – hier auf den Bowron Lakes in Kanada – müssen vorausschauend geplant werden.

sicherheitshalber im Boot festgebunden werden. Sie ersparen sich damit unliebsame Überraschungen.

Wenn trotz allem etwas schief geht

Wann immer wir uns der Natur aussetzen, müssen wir mit gefährlichen Situationen rechnen. Das, worauf es manchmal wirklich ankommt, können wir nicht immer vorausbedenken. Es ist aber immer hilfreich zu analysieren, worauf es im Ernstfall ankommen könnte. Diese Erkenntnisse sollten Sie in das eigene Verhalten einbeziehen. Dadurch erhöht sich in dem Maße, wie die Fähigkeit zur Selbsteinschätzung steigt, die Bereitschaft, das eigene Können nicht zu hoch anzusetzen. Nicht ohne Grund passieren Anfängern in nahezu allen Bereichen häufiger Fehler als Fortgeschrittenen.

Die meisten Unfälle erleben beim Kanuwandern solche Einzelpersonen und Gruppen, die sich leichtfertig und unter Nichtbeachtung grundsätzlicher Verhaltensregeln auf unbekannte Gewässer begeben. Deshalb sollten Sie sich vor

jeder Fahrt anhand aktueller Flussführer eingehend über das Gewässer informieren.
Besser noch: Ein erfahrener Kanute, der mit den lokalen Besonderheiten, Veränderungen und Gefahrenquellen vertraut ist, geht mit auf Tour. Dass dies nicht immer zu machen (und auch gelegentlich nicht erwünscht) ist, ist mir klar.
Äußerst vorsichtig sollten Sie auch bei Fahrten auf Flüssen sein, die Hochwasser führen. Der Kleinfluss, der harmlose Bach, den wir schon einige Male heruntergebummelt sind, kann sich in ein reißendes Wildwasser verwandeln.
Da auch bei bester Planung und Vorbereitung manchmal etwas schief geht, möchte ich an dieser Stelle die wichtigsten Maßnahmen schildern, die Sie zweckmäßigerweise in den entsprechenden Situationen ergreifen müssen.

Unterkühlung

Kenterungen im kalten Wasser können mit einer gefährlichen Unterkühlung (Hypothermie) des Körpers enden. Kaum jemand weiß um die Gefahren der Unterkühlung. Aufklärung tut Not. Sinkt doch bei einer Wassertemperatur von zum Beispiel 4 Grad nach nur 20 Minuten Verweildauer im Wasser die Überlebenschance auf 50 Prozent. Nach zwei Stunden besteht keine Überlebenschance mehr. Aber wir können dieser eiskalten Gefahr vorbeugen:

- Die Kenterrolle ist die beste Versicherung.
- Ein Trockenanzug, darunter Faserpelzbekleidung, isoliert bestens.
- Mütze oder Faserpelzkopfhaube tragen.
- Paddelpfötchen oder Neoprenhandschuhe wärmen die Hände.
- Wasserdichte Schuhe oder Neoprensocken wärmen die Füße.
- Nur in Gruppen paddeln.
- Eine ohnmachtsichere Rettungsweste hält den Gekenterten in der richtigen Lage an der Wasseroberfläche.

Kälteschockreaktionen

Lebensgefährliche Probleme treten auf, wenn ein Kanute im kalten Wasser kentert und sich nicht vor Unterkühlung geschützt hat: der Kälteschock. Und der tritt nicht ausschließlich in der kalten Jahreszeit auf. Kälteschockreaktionen können bei Wassertemperaturen unter 13 Grad auftreten. Bereits bei Wassertemperaturen unter 21 Grad müssen Vorkehrungen gegen Unterkühlung getroffen werden!
Der Kälteschock tritt unmittelbar nach einer Kenterung auf, und zwar dann, wenn der Körper relativ ungeschützt mit dem kalten Wasser in Kontakt kommt. Folgende Symptome lassen sich dann unterscheiden:

- Unkontrolliertes Gähnen
- Verlust des Gleichgewichtsgefühls
- Unkontrolliertes schnelles Atmen
- Atemlosigkeit

Kenterungen im kalten Wasser werden nicht nur vor Grönland gefährlich.

Grundsätzlich sollte beim Fahren auf kalten Gewässern (Winterpaddeln) der Minimalabstand zu den Mitfahrern auch der Maximalabstand sein. Zuerst den Gekenterten bergen (der sich an das Boot des Mitfahrers hängt, um so das rettende Ufer zu erreichen), dann dessen Boot an Land bringen.

Unterkühlungsprobleme

Vor den Folgen einer Unterkühlung ist kein Paddler geschützt, egal welche Kleidung er trägt. Wir unterscheiden drei Grade der Unterkühlung:

- Erster Grad (Erregungsstadium): Frieren und Muskelzittern, Kräfteschwund in den Armen und Beinen, Verwirrtheit und Desorientierung, Körpertemperatur unter 35 Grad.
- Zweiter Grad (Erschöpfungsstadium): Gefühllosigkeit und Muskelstarre, Krämpfe, Bewusstseinsstörungen.
- Dritter Grad (Lähmungsstadium): Bewusstseinsverlust, Puls und Atmung minimal. Der Pupillenreflex nimmt allmählich ab. Bei einer Körpertemperatur von 24 Grad tritt im Allgemeinen der Tod ein.

Behandlung

Bei der Bergung und Versorgung Unterkühlter jede unnötige Bewegung vermeiden. Manchmal genügen schon geringe Bewegungen, um das noch warme Blut aus dem Rumpf in die unterkühlten Extremitäten abfließen und im Austausch kaltes Blut in den Kern einfließen zu lassen. Diese als »Afterdrop« bezeichnete Vermischung des Blutes kann zum endgültigen Zusammenbruch des Kreislaufs führen.
Der Unterkühlte ist an einen windgeschützten Platz zu bringen. Nun wie folgt vorgehen:

- **erster Grad:**
Den Unterkühlten entkleiden und unter Vermeidung unnötiger Bewegungen vorsichtig abtrocknen. Flach in Seitenlage in eine Decke oder einen Schlafsack legen. Der Kopf sollte etwas tiefer liegen. Warmen Tee einflößen. Absolut keinen Alkohol.
- **zweiter Grad:**
Der Gekenterte ist bereits apathisch und steif. Bergung und Transport nur liegend. Nicht mehr entkleiden. Rettungsdienste informieren. Ansonsten wie einen Unterkühlten ersten Grades behandeln. Zusätzlich heißen Wasserdampf einatmen lassen. Arme und Beine liegen angewinkelt.
- **dritter Grad:**
Der Unterkühlte ist ohne Bewusstsein. Behandlung wie beim zweiten Grad. Keinen Tee einflößen. Schnellstens Rettungsdienste informieren. Fällt der Kreislauf aus, ist das Opfer unverzüglich zu reanimieren.

Unterwegs mit Kindern

Kinder fühlen sich im Boot zusammen mit ihren Eltern wohl. Die Eltern sind immer in Reichweite und haben keine Probleme mit der Anpassung des Tempos, so wie das oft beim Wandern oder Radeln der Fall ist. Abenteuerlich geht's zu! Auf den Spuren von Winnetou, Lederstrumpf & Co. kommt schnell Lagerfeuer-Romantik auf. Der Phantasie der Kinder (und unserer) sind keine Grenzen gesetzt. Fast alle Kinder sind sehr schnell restlos vom Kanufahren begeistert. Wenn dann noch das kleine Abenteuer mit Grillen, Planschen oder Zelten verbunden ist – was kann es Anregenderes für die Kinderseele geben? Doch Vorsicht: Ein nachhaltiges Negativerlebnis, z. B. durch eine unvorbereitete Kenterung, kann den Kanukindern den Spaß am Paddeln nachhaltig verderben. Wer es sich nicht schon vorher klarmacht, wird bei den ersten Fahrten lernen, dass Kanufahren mit Kids ein völlig verändertes Verhalten und ein großes Maß an Kompromissbereitschaft seitens der Erwachsenen fordert.

Der erste Ausflug mit dem Kanu

Wann Kinder mit dem Kanufahren beginnen sollten, kann nicht allgemeingültig beantwortet werden. Ich habe in meinem Bekanntenkreis Kanuten, die ihre Kinder bereits als Zwei- oder Drei-

jährige auf entsprechenden Gewässern mit dabeihatten. Das ist problemlos im Kanadier möglich, ebenso im Zweierkajak. Natürlich sind die Kinder dann nicht aktiv mit Paddeln dabei, sondern lassen sich von den Eltern durch die Gegend schippern.
Mit Grundschulkindern habe ich bereits ab der dritten Klasse (Alter ca. 8–9 Jahre) gute Erfahrungen beim Kanufahren im Kajak gemacht. Voraussetzung für die Teilnahme am Kurs war das Schwimmabzeichen in Bronze der DLRG. Im Winterhalbjahr haben wir im Lehrschwimmbecken mit den Kajaks gespielt und gelernt. Nach den Osterferien ging es dann auf stehendes Wasser im Hafen. Die Kinder waren nach kurzer Zeit in der Lage, ihren Kajak zielgerichtet zu steuern. Nach einigen Wochen waren wir sogar auf fließendem Wasser unterwegs, obwohl der Kurs nur einmal wöchentlich stattfinden konnte. Es wäre also danach möglich gewesen, mit so vorbereiteten Kindern dieser Altersstufe eine eintägige Wanderfahrt oder sogar eine Wochenendfahrt im eigenen Kajak zu unternehmen. In Ausnahmefällen (wenn erfahrene Eltern/Erwachsene mit dabei sind) sind sicher noch längere Touren bis hin zur mehrwöchigen Ferienfahrt möglich und auch schon unternommen worden.
Viele Vereine bieten für Kinder ab etwa 10–12 Jahren Anfängerkurse an. Es ist dies ein Lernalter, wo neben den grundlegenden Paddelschlagtechniken auch die Kenterrolle erfolgreich vermittelt werden kann. Außerdem werden für diese Altersgruppe seitens des Kanuverbandes und der Vereine bereits spielerische Wettkämpfe veranstaltet, die erste Erfahrungen auf dem Gebiet des Leistungssports in kindgerechter Form ermöglichen. Einige kommerzielle Kanuschulen bieten für diese Zielgruppe Einsteiger- und Fortgeschrittenenkurse an, ebenfalls im Kajak und Kanadier.
Kanadierfahren in großen Mannschaftsbooten mit bis zu zehn Plätzen ist für Kinder ein tolles Gruppenerlebnis. Allerdings müssen hier genug Erwachsene mit dabei sein, um den Kindern beim Bootstransport und beim Einbooten mit geübten Handgriffen hilfreich zur Seite stehen zu können. Ein erfahrener und daher meist erwachsener Steuermann hält das Boot auf Kurs.

Kinder fühlen sich im Kanu wohl, vorausgesetzt die Erwachsenen halten ein paar Regeln ein.

Erst wenn aus Kindern Jugendliche geworden sind, kommt für sie das selbstständige Kanuwandern im Kanadier in Frage. Nur dann können sie die relativ schweren Boote mühelos transportieren und zur Einbootstelle tragen.

Die richtige Ausrüstung

Dass Kinder nicht so wie Erwachsene ausgerüstet werden können, liegt auf der Hand. Das fängt mit dem Bootsmaterial an und hört bei der Bekleidung und den Sicherheitsaspekten auf. Wenn Kinder möglichst selbständig mit ihren Kanus umgehen, also das Boot über kurze Strecken auch tragen sollen, ist zunächst das Gewicht des Bootes entscheidend. Faustregel: Das Höchstgewicht des Kanus in Kilogramm entspricht in etwa dem Alter des Kanu-Kids. Ein normal entwickelter Zehnjähriger kann mit ein wenig Übung ein Zehn-Kilo-Boot schultern und tragen. Auf jeden Fall kann er aber mit Partnerhilfe (einer am Bug, der andere am Heck) das Kanu ein- und ausbooten. Wie gesagt: Hier kommen in erster Linie Kajaks in Betracht, da das Gewicht eines Kanadiers das eines Kajaks bei weitem übersteigt. Das Paddel, gleich ob Stech- oder Doppelpaddel, ist in seinen Abmessungen ebenfalls der Körpergröße des Kindes angepasst. Die Fläche des Blattes ist auf jeden Fall kleiner als das des Normalpaddels. Das senkrecht gestellte Doppelpaddel soll so lang sein, dass der kleine Paddler mit seiner Hand das obere Ende erreicht, das Stechpaddel reicht bis zum Kinn. Es versteht sich von selbst, dass Kinderpaddel relativ leicht gebaut sein sollten. Gleichzeitig muss hier aber auch ein Kompromiss hinsichtlich der Robustheit gefunden werden. Kinder sind ja erfahrungsgemäß in der Behandlung des Materials nicht sonderlich aufmerksam.
Der kanuspezifischen Bekleidung muss bei warmem Sommerwetter und

Wenn aus Kindern Jugendliche geworden sind, bringt das Kanufahren in der Gruppe noch mehr Spaß.

entsprechenden Wassertemperaturen keine besondere Aufmerksamkeit geschenkt werden. Völlig anders ist dies in der Übergangszeit und in kälteren Kanu-Gefilden. Kinder reagieren auf Kälte weitaus empfindlicher als Erwachsene. Vorsorglich ist also auf jeden Fall wind- und wasserdichte Bekleidung vorzusehen, inklusive Fleecemütze und Paddelpfötchen. Ein Longjohn aus Neopren leistet ebenfalls gute Dienste. Die permanent angelegte Schwimmweste (bei Kindern bis zum Alter von etwa acht Jahren auf jeden Fall mit Schrittgurten versehen) ist nicht nur aus Sicherheitsgründen obligatorisch; sie bietet außerdem noch einen nicht zu unterschätzenden Auskühlungsschutz. Weitere spezielle Ausführungen zum Thema »Unterkühlung« finden Sie in dem Kapitel »Wenn trotz allem etwas schief geht«, S. 104.

Learning by doing

Kinder lernen am liebsten spielend. Langatmige Erklärungen der Technik sind nicht gefragt. Paddeln ohne Pause, theoretische Erklärungen der Bewegungsabläufe ersticken die kindliche Freude am Bootfahren schon im Keim. Kinder entwickeln viel schneller ein Gefühl für das Bootfahren als Erwachsene. »Learning by doing« ist angesagt. Also: Das Kind ins Boot setzen und Bewegungsabläufe in kleinen Häppchen vormachen. Das natürlich am besten auf einem See oder auf sehr langsam fließendem Gewässer. Wenn die ersten Paddeltechniken erlernt wurden: Kleine Ausflüge in die nähere Umgebung, »Abenteuerfahrten« in abgelegenen Uferbereichen regen die Fantasie an. Wenn dann in der Nähe eine kleine Welle mit einem Kehrwasser lockt, können Kinder sich stundenlang spielerisch beschäftigen. Dass bei diesem »freien« Lernen die »gute« Paddeltechnik auf der Strecke bleibt – diese Furcht kennen nur Erwachsene.
Wenn Sie einem Kind das Erlernen der Kanutechnik erleichtern wollen: Ein kindgemäß kurzes Paddel und ein relativ kurzes und möglichst leichtes Boot sind wesentliche Voraussetzungen. Viele Vereine und Kanuschulen sind darauf bereits eingerichtet, so dass anfänglich auf einen teuren Neukauf verzichtet werden kann.

Sicherheit – immer mit an Bord

Es liegt in der Natur der Sache: Es ist nicht möglich, Kinder pausenlos zu beaufsichtigen. Aber mit der richtigen Ausrüstung, der passenden Einstellung und einem ungefährlichen Lernort (Badesee) ist es möglich, weitestgehende Sicherheit zu garantieren. Eine Schwimmweste gehört ohne Wenn und Aber zur Grundausrüstung (natürlich müssen Kanu-Kinder über entsprechende Schwimmfertigkeiten verfügen, auch ohne Weste).

Besonders gut eignen sich Schwimmwesten mit Beinschlaufen oder ohnmachtsichere Kragenwesten. Auf jeden Fall sollten Kinder zunächst ohne Spritzdecke im Kanu unterwegs sein, gleich ob allein oder mit Erwachsenen. Spritzdecken sind immer ein Hindernis, auch psychisch. Man fühlt sich eingeschlossen und gerät bei einer Kenterung schnell in Panik. Nach einer Kenterung unter Wasser zunächst ohne und dann mit Spritzdecke aussteigen, das sollte unbedingt zum Grundrepertoire der Ausbildung gehören.
Klar, dass auch dieser Lernabschnitt spielerisch gestaltet werden kann. Kinder tauchen zum Beispiel mit Vorliebe in ein gekentertes Boot, das mit dem Süllrand nach unten auf dem Wasser treibt. In der Luftblase des Innenraums können sie auftauchen und wieder Luft holen.

Ehrgeiz passt nicht ins Kanu

Hand aufs Herz: Möchten Sie nicht auch, dass aus Ihrem Kind ein perfekter Kanute wird? Der Ehrgeiz, den wir Erwachsene gerne auf Kinder übertragen: Beim Kanufahren (und auch in allen anderen Sportarten) stört ungesunder Ehrgeiz eher die Entwicklung, als dass er nützt. Insbesondere in der Wettkampfszene möchten Eltern, dass aus ihrem kleinen Kapitän irgendwann ein wahrhaftiger Weltmeister oder Olympiasieger wird. Bei allem Engagement: Verstecken Sie den Ehrgeiz in einer dunklen Ecke Ihres Kellers – oder werfen Sie ihn an der tiefsten Stelle des Flusses über Bord. Ihr Kind wird es Ihnen durch viel Lust und Freude am Kanufahren danken.
Kinder halten nichts von Kilometerfressen für ein ominöses Fahrtenbuch, sie unterwerfen sich nicht gerne fremden Zwängen.
Kinder merken selbst am besten, wann die Zeit für eine kleine Pause mit Badespaß gekommen ist. Sie bestimmen auch gerne einmal, wie die Fahrtenplanung aussieht. Wenn Erwachsene das (in den notwendigen Grenzen) zulassen, werden alle Beteiligten mit viel Spaß bei der Sache sein.

Kinder sind gerne unter Kindern

Kurse in Kanuschulen oder Vereinen sind deshalb bei Kindern so beliebt, weil sie dort andere Kinder treffen. In einer solchen Gruppe entsteht unter entsprechender Führung schnell ein anregendes und lockeres Lernklima. Wenn Gleichaltrige mitmachen, wirkt sich das förderlich auf die Lernmotivation aus.
Kinder vergleichen gern unverkrampft die eigene Leistung mit der Leistung anderer Kinder. Erst Druck von außen führt dazu, dass diese natürliche Motivation ausufert und unangenehm wird.
In organisierten Kanukursen sind alle Spiele grundsätzlich lustiger, als wenn Mama und Papa die Spielkameraden ersetzen. Miteinander Spaß zu haben und

sich gegenseitig zu helfen sind wesentliche Komponenten des Sports und insbesondere des Kanusports. Ein versierter Kanulehrer oder kompetenter Übungsleiter wird außerdem viel schneller als Autorität akzeptiert als Vati oder Mutti.

Tipps:

- Wichtigste Grundformel: Kinder und Kanu = Schwimmweste. Am besten eine Weste mit Beinschlaufen oder eine ohnmachtsichere Kragenweste.
- Kurze Paddel erleichtern den Kindern die Handhabung. Lange Paddel machen alles viel schwerer. Mit den Booten ist es genauso: Lange Boote sind meist schwer und schlecht manövrierbar; Kurzboote sind oft leichter und spielerischer zu handhaben.
- Kinder sollten ohne Spritzdecke im Boot sitzen. Spritzdecken sind extrem hinderlich nach einer Kenterung beim Aussteigen unter Wasser. Das kann Angst machen.
- Kinder sind Kapitäne. Sie bestimmen selbst, wann sie genug haben. Sie dürfen auch einmal bestimmen, wo's lang geht.
- Schicken Sie Ihr Kind in den Verein oder in eine Kanuschule. Kinder sind am liebsten mit anderen Kindern zusammen. Viele Schulen bieten deshalb spezielle Kinderkurse an.

Kanuspiele für Kinder

Spielen, spielen, spielen – auf diese einfache Formel lässt sich Kanufahren mit Kindern bringen, wenn es Spaß machen soll. Kinder lernen am besten spielerisch und entwickeln dabei schnell das spezifische Gleichgewichtsgefühl. Schwimm- und Tauchfertigkeiten sollten vorab bereits gut entwickelt sein.
Hier ein paar Kanu-Kinderspiele:

- **Pirat:** Alle fliehen in ihren Booten vor dem Piraten. Hat der Pirat einen Kanuten gefangen, wird er sein Helfer.
- **Artist:** Welcher Kanute erreicht stehend den Preis an der hochgestellten Angel (Ast o. ä.)?
- **Katze und Maus:** Die Maus ist im Kreis der Boote geschützt. Die Katze versucht, den Schutzwall zu durchdringen.
- **Trapper:** Floß aus zwei Booten bauen.
- **Kreisball:** Ein Boot in der Mitte des Bootskreises. Kinder werfen sich den Ball über den Spieler in der Mitte zu. Dieser versucht, den Ball abzufangen.
- **U-Boot:** Kajak kopfüber aufs Wasser und in die Sitzluke tauchen. Dort atmen und wieder zurück.
- **Tauziehen:** Zwei Kanus am Heck oder Bug zusammenbinden. Wer paddelt kräftiger vorwärts?
- **Seenotkreuzer:** Möglichst viele Kinder sitzen auf einem Boot und bewegen es auf einen Punkt zu.
- **Lebende Brücke:** Alle Boote liegen parallel nebeneinander und werden am Süllrand festgehalten. Wer steht auf und läuft über die Boote?

Mit Flussführern planen

Kanuwandern bietet eine Vielzahl völlig unterschiedlicher Erlebnisformen. Dahingleiten auf kleinen Flüssen, auf dem Rücken eines breiten Stromes, einen lauschigen Kleinfluss befahren, Binsenbummeln auf abgelegenen Seen – Gefühle und Vorstellungen von Abenteuer- und Reiselust werden wach. Eine gewisse Planung wird wohl jeder Paddeltour vorausgehen, obwohl gerade eine kleine Portion Unvorbereitetsein, ein wenig Improvisation für mich von besonderem Reiz ist.

Sicher, in unserer heutigen Zeit ist nicht mehr viel zu entdecken; es sei denn, die eigenen Gefühle und Erlebnisfähigkeit. Jede noch so kleine Windung eines Baches ist vermessen, kartographiert und beschrieben.

Wer nicht gerade in Grönland oder Alaska, sondern in Mitteleuropa im Kanu unterwegs ist und seine knapp bemessene Zeit am Wochenende effektiv nutzen will, bedient sich des umfangreichen Führermaterials. Hierzu stehen insbesondere Flussführer, Karten und spezielle Gewässerkarten in reicher Auswahl zur Verfügung. Diese geben Hinweise auf die Länge der Flussstrecken, Pegelstände, Wehre, Stauanlagen, Sperrzonen, Befahrensregelungen, Verkehrsverbindungen, Zeltplätze und Einkaufsmöglichkeiten.

Alle Gewässer ändern sich im Laufe der Zeit. Insofern sind alle Flussführer immer nur befristet aktuell. Sie geben wertvollen Rat ohne Gewähr. Plötzliche Veränderungen durch Straßenbau, Einbauten, Hochwasser, Unterspülungen, querliegende oder treibende Baumstämme, niedrige Brücken und Stege werden schnell zur Gefahr. Es hat noch niemandem geschadet, sich als Anfänger möglichst erfahrenen Paddlern anzuschließen.

Kanusport-Wanderkarten gibt es im Fachhandel zu kaufen. Gute Karten zeichnen sich durch eine übersichtliche Grafik und genaue Detailinformationen aus. Hier werden Hinweise gegeben über die Befahrbarkeit verschiedener Gewässer, aber auch über ihren Verschmutzungsgrad. Unbefahrbare Teilstrecken und Wehranlagen werden besonders ausgewiesen. Entfernungsangaben und der Hinweis auf Pegelanlagen gehören zum Standard. Ferner sind Angaben zu Übernachtungsmöglichkeiten bei Kanuvereinen Anhaltspunkt für die Fahrtenplanung. Vereine sind allerdings nicht verpflichtet, Gäste aufzunehmen. Wer auf Nummer sicher gehen will, meldet sich vorher an.

Achten Sie bei der Fahrtenplanung auf ausreichende Ruhetage. Planen Sie bei längeren Wanderfahrten getrost andere Aktivitäten ein – eine Stadtbesichtigung, eine Fußwanderung durch die reizvolle Flusslandschaft oder der Besuch eines nahe gelegenen Schwimmbades stellen immer eine willkommene Abwechslung dar.

Eines der schönsten Kanu-Reviere Deutschlands ist die Donau unterhalb Beuron.

Die schönsten Kanu-Reviere Deutschlands

Kanuwandern ist eine wunderschöne Möglichkeit der aktiven Freizeitgestaltung, verbunden mit unmittelbarem Naturerleben. Rar sind allerdings die Reviere geworden, deren ursprünglicher Charakter noch erhalten geblieben ist. Mehr als 90 Prozent aller Gewässer in der Bundesrepublik sind inzwischen durch wasserbautechnische Maßnahmen verändert worden. Nicht zuletzt durch die katastrophalen Hochwasser der letzten Jahre sind Bevölkerung, Politiker und Umweltplaner zu der Erkenntnis gekommen, dass dies so nicht weitergehen kann. Daher werden laufend Flussgebiete, die durch Begradigungen, Einbauten und Staustrecken beinahe verloren schienen, für uns Kanusportler nach erfolgter Renaturierung wieder befahrbar. Natürlich hat auch die Umweltverschmutzung vor unseren heimischen Gewässern nicht Halt gemacht. Inzwischen werden aber immer mehr Maßnahmen der Kommunen wirksam, die einen Großteil der Gewässer sauber werden lassen. Dass das eine Menge Geld kostet, merken wir an den jährlich zu

zahlenden und immer schneller steigenden Abgaben für Schmutzwasser. Aber schließlich profitieren letzten Endes auch wir Kanuwanderer von dieser Entwicklung. Uns erschließen sich heutzutage wieder Reviere, die noch vor wenigen Jahren als schwer belastet galten.
Meine Lieblingsreviere vor der Haustüre sind die Altrheinarme, die nahezu glasklares und wenig belastetes Wasser führen.
Wer in Gesellschaft Gleichgesinnter neue Kanu-Reviere erfahren möchte und dabei sportliche Ambitionen hat, ist bei Großveranstaltungen des Kanuwandersports in halbwegs naturbelassenen Gebieten über die nationalen Grenzen hinweg gut aufgehoben. Besonders frequentiert werden solche Wanderfahrten neben Deutschland vor allem in Frankreich, Italien, England, Schweden, Finnland, Polen und Ungarn. Ein Paradebeispiel ist die seit über vierzig Jahren stattfindende *Tour International Danubien (TID)*, eine organisierte Wanderfahrt in Etappen, die über insgesamt 2000 Kilometer von Ingolstadt bis nach Silistra (Bulgarien) führt. Sie müssen ja beim ersten Mal nicht gleich die ganze Strecke fahren, um den Reiz einer solchen Veranstaltung kennen zu lernen. Vielleicht reicht Ihnen ein langes Wochenende fürs Erste. Übrigens: Ausschreibungen für diese und andere Großveranstaltungen finden sich im jährlich neu erscheinenden Kanu-Sportprogramm des DKV, das umfassend informiert und gegen eine geringe Schutzgebühr angefordert werden kann.
Durch zunehmende Kommerzialisierung der Freizeitaktivitäten in nahezu allen Bereichen naturnaher Sportarten kommt es allerdings immer wieder zu Kollisionen zwischen einzelnen Interessengruppen. Ohne dass die ganze damit zusammenhängende Problematik an dieser Stelle erörtert werden könnte: Es hat dazu geführt, dass besonders sensible, in Landschafts- oder Naturschutzgebieten gelegene Kanu-Reviere von Behörden gesperrt wurden. Auch darüber gibt das Kanu-Sportprogramm des DKV jährlich aktualisiert Auskunft. Jeder Kanuwanderer ist strikt an diese Bestimmungen gebunden. Die Behörden scheuen sich nicht, bei Zuwiderhandlung saftige Bußgelder zu verhängen. Leider können einige wenige Außenseiter eine ganze Sportart in Verruf bringen.
Im Folgenden möchte ich ausgewählte Kanu-Reviere beschreiben, die keinen oder nur wenigen Nutzungsbeschränkungen unterliegen. Es handelt sich um einige der beliebtesten Wanderstrecken in Deutschland, ohne dass sich damit ein Anspruch auf Vollzähligkeit verbindet; hier helfen die im Buch- und Fachhandel käuflichen Flussführer weiter.

Die Donau

Die Donau ist, mit einer Gesamtlänge von 2850 Kilometern, nach der Wolga der zweitgrößte Strom Europas.

Die Strecke von Donaueschingen bis Passau ist trotz aller in über hundert Jahren durchgeführten wasserbaulichen Regulierungsmaßnahmen besonders reizvoll und auf der gesamten Länge fast ohne Schwierigkeiten als Wanderfluss zu befahren, allerdings mit sehr wechselndem Charakter, was die Wasserqualität betrifft. Die Donau durchbricht zunächst in ihrem schönsten Teil zwischen Geisingen und Sigmaringen die Schwäbische Alb. Anschließend verläuft sie, landschaftlich immer sehr ansprechend, zunächst an deren Südrand. Hier finden sich zahlreiche Wehre, die nur teilweise befahren werden können. Alle können aber ohne große Mühe umtragen werden.

Der anschließende Abschnitt ab Ulm ist durch Auwaldcharakter bestimmt und durch mehrere große Stauanlagen mit den davor liegenden Staustrecken weitestgehend verbaut. Das Umgehen der großen Wehranlagen wird durch Kahnschleusen erleichtert. Eine Befahrung dieser Teilstrecke ist wenig reizvoll.

Die bayerischen Seen

Die bayerischen Seen gehören mit ihren landschaftlichen Schönheiten und ihrem kulturellen Hintergrund in die Hitliste der Kanugewässer.

Fast alle bayerischen Seen gehören zu den landschaftlich schönsten und kanusportlich interessantesten Seen Deutschlands. Für mich ist der Chiemsee mit seinem Alpenpanorama ein absolutes Highlight. Aber auch der Kochel- und der Walchensee, der Langenbürgener

See, der Schliersee, der Staffelsee, der Simssee, der Starnberger See und der Tegernsee, um nur einige zu nennen, gehören mit ihren landschaftlichen Schönheiten sowie dem kulturellen Hintergrund und auch dem gastronomischen Angebot in die Hitliste deutscher Kanugewässer.
Auf fast allen Seen Bayerns ist das Kanuwandern in bestimmten Zonen erlaubt. Fahrverbote gelten vor allem dem Schutz der Schilfgürtel und Seerosenfelder. Wie auf allen anderen großen Seen können auch hier bei Gewittersturm die eben noch völlig harmlosen Gewässer zum Wildwasser werden. Hören Sie vor einer längeren Fahrt oder gar Querung den Wetterbericht. Erkundigen Sie sich vor einer Befahrung an Ort und Stelle nach den geeigneten Routen bzw. informieren Sie sich anhand aktueller Literatur über die Kanurouten auf dem jeweiligen See. Achten Sie bei unsicherer Wetterlage auf die Sturmwarnsignale an den Ufern. 40 Blinks pro Minute: Vorsichtsmeldung, 90 Blinks pro Minute: Sturmwarnung!

Der Bodensee

Als Familien-Ferienziel ist der Bodensee in hervorragender Weise geeignet. Barocke Gemütlichkeit, landschaftliche Schönheit und wettermäßige Bevorzugung sind hier eine äußerst glückliche Verbindung eingegangen. Das besonders milde Klima bringt auf den fruchtbaren Feldern, Wiesen und Weinbergen der Uferlagen Gemüse, Obst und Wein in hoher Qualität hervor. Auf der Insel Mainau gedeiht eine fast tropisch zu nennende Vegetation. Die Insel Reichenau ist berühmt für ihre alten Kunstschätze. Als Standquartier kommt insbesondere der DKV-eigene Zeltplatz in der Nähe der Insel Mainau in Frage. Außerdem gibt es am Bodensee zahlreiche öffentliche Zeltplätze. Fast alle Kanuvereine am Bodensee verfügen über kleine vereinseigene Zeltplätze, die allerdings nicht für Dauerbesuch ausgelegt sind.
Der Bodensee ist der größte deutsche See mit einer Uferlänge von etwa 260 km und grenzt an Österreich und die Schweiz. Der Hauptteil des Sees ist der so genannte Obersee, der westlich in den Überlinger See mit der Insel Mainau und den Untersee mit der Insel Reichenau übergeht. Durch den Untersee fließt der Rhein ab. Bei längeren Kanufahrten auf dem See können plötzlich auftretende Stürme äußerst gefährlich werden. Es ist daher anzuraten, sich nicht allzu weit vom Ufer zu entfernen bzw. größere Überquerungen zügig durchzuführen oder ganz zu unterlassen. Verweisen möchte ich in diesem Zusammenhang auf das optische Warnsystem, das am gesamten Bodenseeufer für die Schifffahrt installiert wurde. Die orangefarbenen Lichtblitze signalisieren, dass in Kürze mit einsetzendem Sturm zu rechnen ist. Das Ufer sollte sofort aufgesucht werden.

Der Rhein

Als **Hochrhein** wird die 170 Kilometer lange Strecke von Konstanz bis Basel bezeichnet. Er verläuft zunächst durch den Bodensee; die eigentliche Stromstrecke beginnt bei Stein am Rhein. Landschaftlich ist der Hochrhein sehr reizvoll. Er verläuft zwischen dem Schwarzwald bzw. den Ausläufern der Schwäbischen Alb im Norden und dem Schweizer Jura im Süden, mit welligem, großenteils bewaldetem Hügelland im engen Tal. Sehenswerte Ortschaften liegen wie Perlen auf einer Schnur links und rechts des Ufers.

Optischer Höhepunkt einer Fahrt auf dem Hochrhein ist der Rheinfall bei Schaffhausen, mit 23 Metern Höhe der mächtigste Wasserfall Mitteleuropas, der mit dem Bootswagen auf asphaltierten Wegen neben der Straße zeitaufwendig umfahren wird. Übrigens ist der Rheinfall in den Siebzigerjahren auf der rechten Nebenroute in einem Kajak befahren worden. Der Fahrer trug für den Notfall eine Sauerstoffflasche auf dem Rücken. Der Kern des Rheinfalls, der links des Felsens in die Tiefe stürzt, blieb lange unbefahren. Im Januar 1997 wagten zwei Fahrer (einer im Kajak, der andere im Kanadier) erneut bei winterlichem Niedrigwasser auf der Hauptroute die Sturzfahrt. Die Durchflussmenge des Rheins betrug an diesem Tag ca. 250 Kubikmeter.

Die nach dem Rheinfall in regelmäßigen Abständen folgenden Staustufen sind mit Umsetzanlagen unterschiedlicher Ausführung und Qualität versehen. Die bequemsten für uns Kanuten sind diejenigen Staustufen, bei denen ein Gestell im Wasser unter das Boot fährt, so dass wir nicht einmal auszusteigen brauchen. Allerdings habe ich mir bei einer dieser Aktionen das Steuerblatt verbogen. Also: Steuer vorher hochziehen.

Wenn Sie von Basel aus auf dem **Oberrhein** weiterfahren, sollten Sie auf jeden Fall den Rhein-Seitenkanal meiden. Durch die Stauanlage etwa vier Kilometer unterhalb Basel wird ein großer Teil der Wassermenge des Rheins nach links in den Grand canal d'Alsace geleitet. Dieser ist mit gefährlichen, weil durch seifigen Algenbewuchs nicht erkletterbaren Steilufern verbaut.

An dieser Stelle sei mir noch ein kritisches Wort gestattet. Bedauerlicherweise sind nach den unbarmherzigen Begradigungen von Gewässern durch ganze Generationen von Wasserbauingenieuren natürliche Verhältnisse nur noch an ganz wenigen Stellen unserer Flüsse und Seen zu finden. Die meisten Auwälder wurden durch Dämme, wie hier am Oberrhein, von den Überflutungen abgeschnitten. Häufig sorgen Abflussgräben auch noch dafür, dass kein Druck- oder Sickerwasser den Auwald mehr speisen kann. Die artenreichste Waldform wird (bis auf wenige Ausnahmen) überall ausgehungert, ausgetrock-

Die Auwälder im Bereich des Oberrheins stellen eine besonders artenreiche Waldform dar.

net und durch Monokulturen ersetzt. Heute weiß man auch bei den Wasserbauingenieuren, dass es schon aus Gründen der optimalen Wasserführung viel plausibler ist, größere Überschwemmungszonen in die Hochwasserbereiche mit einzubeziehen, statt den Fluss zu zwingen, das sommerliche Niedrigwasser und das höchste Hochwasser im gleichen Querschnitt zu bewältigen. Von ökologischen Zusammenhängen weiß man allerdings auch heute noch nicht allzu viel. Aber es gibt sie noch, die letzten »Urwälder« in Deutschland. Wenn Sie mit dem Boot auf dem Taubergießen am Oberrhein bei Rust unterwegs sind, vermittelt die Flora dieses Auwalds eine Vorstellung von dem, was einmal war.

Und noch unzählige andere Altrheinarme warten auf der Strecke bis Mainz auf Entdeckung.

Die Strecke von Mainz nach Bonn wird als **Mittelrhein** bezeichnet. Der Rhein bricht hier auf einer Strecke von rund 190 Kilometern in eindrucksvollen Engtälern aus der oberrheinischen Tiefebene zur Tiefebene des Niederrheins durch. Im Osten säumen das Rheingaugebirge, der Taunus und der Westerwald, im Westen der Hunsrück und die Ausläufer der Eifel den Strom. Im Verlauf dieser Strecke kommt der kanufahrende Weinkenner auf seine Kosten. Lassen wir uns nicht allzu lange von den romantischen Burgen links und rechts faszinieren. Denn dieser Abschnitt des Rheins ist stark von der Großschifffahrt frequentiert. Besondere Vorsicht bei Schubschiffen, großen und schnellen Fahrgastschiffen: Hier kann die Wellenbildung ganz enorm werden. Nicht nur die Loreley wird Schiffsführern und Kanuten gefährlich.

Der Main

Eine längere Gepäckfahrt auf dem Main kann auch Kanu-Neulingen empfohlen werden. Der 524 Kilometer lange Main

ist ein wirklich abwechslungsreicher Fluss. Er entspringt in dem ruhigen Waldgebiet des bayerischen Nordostens, durchfließt das Zentrum gotischer und barocker Kirchenkunst, um dann in der hektischen Region rund um Frankfurt und Wiesbaden in den Rhein zu münden. Die gut 400 lohnenden Flusskilometer sind fast durchgehend landschaftlich reizvoll. Aus dem Fichtelgebirge kommend durchschlängelt der Main die Fränkische Schweiz, Hassberge, Steigerwald, Südrhön, Spessart und Odenwald. Nach Gemünden umfließt der so genannte »Romantische Waldmain« in einem großen, nach Norden offenen Viereck den Spessart. Auf seiner Südseite schließt sich der Odenwald an.
Wegen der unter dem Strich doch recht zähen Strömung und der Staustufen sind längere, gut laufende Kanus angenehm. An der Strecke liegen zahlreiche malerische Städtchen mit Burgen, Schlössern, Kirchen und Klöstern. Wer ein Fahrrad im Kanadier mitführt, hat Gelegenheit, Radtouren in die nicht minder schönen Nebentäler von Lohr, Hafenlohr, Tauber und Kahl zu unternehmen.

Der Spreewald

Nordwestlich von Cottbus dehnt sich der Spreewald aus, der ein Gebiet von ca. 500 Quadratkilometer umfasst. Diese Landschaft bedeutet für den Kanuten Natur pur. Die komplizierte und verzweigte, fast amphibische Fluss- und Seenlandschaft entstand durch die Aufspaltung der Spree am Zusammenfluss mit Malxe und Berste. Zur Verbesserung der wasserwirtschaftlichen Verhältnisse sowie zur wirtschaftlichen Erschließung wurden über Jahrhunderte unzählbare Kanäle und Gräben gezogen. Das Gewässersystem verfügt über eine Gesamtlänge von nahezu 1000 Kilometern. Eine Verengung teilt das Fließlabyrinth in Ober- und Unterspreewald. Der Oberspreewald wird von der Stadt Lübben und durch die Ortschaft Burg begrenzt. Hauptattraktionen sind Lehde und Leipe. Der Unterspreewald bietet besonders den Kanuten die Möglichkeit, Natur unverfälscht und hautnah zu erleben, obwohl die zum Befahren freigegebenen Fließe keinesfalls verlassen werden dürfen: Der gesamte Spreewald wurde 1990 zum Biosphärenreservat erklärt. Zur Befahrung der Fließe ist jede Art von Kanus geeignet, also auch das Schlauchboot. In der Hauptsaison von April bis Oktober sind allerdings alle Zeltplätze ausgebucht und überfüllt.

Die Mecklenburger Seen

Zu den schönsten Kanu-Revieren Deutschlands zählen die Mecklenburger Seen. Die hügelige, formenreiche Eiszeitlandschaft der Seenplatte erstreckt sich nördlich von Berlin zwischen Schwerin und Neubrandenburg. Völlig

Die formenreiche Eiszeitlandschaft der Mecklenburger Seen bietet eine faszinierende Fülle von Tourenmöglichkeiten.

verstreut liegen hier über 1000 Seen – vom kleinen Feuchtbiotop mit Seerose bis hin zur Müritz, dem größten See, der mit seiner ganzen Fläche innerhalb Deutschlands liegt. Natürliche Auslässe und künstliche Gräben verbinden die Wasserwege. Daher bietet sich hier eine faszinierende Fülle von Tourenmöglichkeiten an, die sich immer wieder verändern und ergänzen lassen. Das Gebiet ist – ebenso wie der Bodensee – für Kanu-Neulinge und Familien mit Kindern ideal. Die größeren Seen sollten Sie allerdings in offenen Kanadiern mit Vorsicht genießen, da bei entsprechendem Wind hohe Wellen aufkommen können. Eine bezaubernde Route auf der Oberen Havel führt mitten durch den Müritz-Nationalpark, den größten Nationalpark Deutschlands. Ausgedehnte Waldgebiete, Urwälder, Auenwälder, Sumpfwälder und Moore wechseln einander in bunter Reihenfolge ab. Zahlreiche seltene Pflanzen- und Tierarten sind vertreten. Um dieses für Deutschland einzigartige Naturparadies zu bewahren, müssen sich Kanuten einigen einschränkenden Befahrungsregelungen unterwerfen, die Jahr für Jahr aktualisiert werden.

Die Lahn

Zu den schönsten Wanderflüssen Deutschlands gehört auf einer Strecke von rund 250 Kilometern die Lahn. Und deshalb ist dieser Fluss schon längst kein Insider-Tipp mehr. Der in den letzten Jahren stark zunehmende Kanu-Tourismus führte dazu, dass auf einzelnen Abschnitten in Spitzenzeiten bis zu 500 Boote pro Tag gezählt wurden. Dem wurde mit insgesamt 36 gut ausgebauten Bootsanlegestellen zwischen Gießen und Limburg Rechnung getragen, da ansonsten durch wahlloses Ein- und Ausbooten Flora und Fauna gefährdet waren.

Die Lahn entspringt im Rothaargebirge und trennt in ihrem Unterlauf Westerwald und Taunus. Im Raum Marburg – Wetzlar – Limburg öffnen sich mehrere Talbecken. Daraus ergibt sich ein besonders reizvoller Kontrast zwischen weiten und engen Talstrecken, zwischen steilen Felsen und relativ flachen Ufern, zwischen Wäldern, Wiesen und Feldern. Zwischen Marburg und Lahn-

stein wird die Lahn während der Saison von unzähligen Kanuten befahren. Da kann es an manchen Wochenenden auf dem Fluss, in den Schleusenkammern und sogar in dem 400 Meter langen Lahntunnel unter Weilburg hindurch (dem einzigen Schifffahrtstunnel Deutschlands) eng werden. Trotzdem: Sie bewegen sich in einem Bilderbuch deutscher Kulturgeschichte. Von den alten Römern bis zur beginnenden Neuzeit finden sich an den Ufern der Lahn eindrucksvolle Bauten aller Stilrichtungen und Zweckbestimmungen.
Nur im Oberlauf zeigt die Lahn jugendlichen Kleinflusscharakter mit schneller Strömung und kleinen Schwällen. Ab Buchenau wird die Lahn zum Wanderfluss, dessen Befahrung auch Anfängern im Kajak oder Kanadier ohne besondere Schwierigkeiten möglich ist.

Die Weser

Einziger ausschließlich deutscher Strom ist die Weser. Sie entsteht durch den Zusammenfluss von Werra und Fulda in Hann.-Münden. Perle für Kanuwanderer ist die 135 Kilometer lange Strecke zwischen Hann.-Münden und Hameln. Der Strom fließt hier in einem durch Buhnen regulierten Bett von 50–60 Meter Breite in zahlreichen Schlingen durch relativ schmale Täler und weite Talkessel im nördlichen Bereich der deutschen Mittelgebirgsschwelle. Selbst bei Normalwasser, das bei geleerter Edertalsperre in trockenen Jahren ab August eintreten kann, ist die Wassertiefe immer ausreichend. Frachtschifffahrt wird im Sommer oberhalb Hameln kaum betrieben. Allerdings besteht von Mai bis September eine fahrplanmäßige Fahrgastschifffahrt, deren Wellen schon manches Kanu arg schaukeln ließ. Eine Wanderfahrt auf der Oberweser zählt trotzdem zu den schönsten Erlebnissen des Kanuwanderers, zumal die wechselnde Landschaft nur wenig Industrie- und Verkehrslärm kennt. Besonders einsam und schön sind die Teilstrecken zwischen Hann.-Münden und Höxter, von Polle bis Grohnde und zwischen Vlotho bis Porta jedoch nur in der Woche. An Wochenenden herrscht oft starker Motorbootverkehr mit teils sehr rücksichtslosen Fahrern.

Glücklicherweise werden immer mehr Gewässer renaturiert – Kanuten freuen sich über jede neue Route.

Die Altmühl schlängelt sich als hübscher Wiesenfluss mit bizarrer Kulisse durch den Fränkischen Jura.

Die Altmühl

Als linker Nebenfluss der Donau ist die Altmühl zwischen Treuchtlingen und Kelheim ein wunderhübscher Wiesenfluss, der besonders im Frühling seinen ganzen Charme ausspielt. Entlang des Fränkischen Jura durchfließt die Altmühl ein schmales entzückendes Tal mit den charakteristischen Felsbildungen des Jura in romantischer Schönheit. Zwischen Treuchtlingen und Eichstätt strahlen die Ortschaften links und rechts des Flusses durch die Verwendung von Jurabruchsteinen und Schiefer fast oberitalienische Atmosphäre aus.
Als Altmühlfahrer nehmen Sie sich am besten genügend Zeit, um die vielen sehenswerten Orte und Burgen zu besichtigen. Der über weite Strecken gemächliche Strömungsverlauf erlaubt über eine Woche gemütliches Dahinbummeln. Ab spätestens Juni wird der Wasserstand für Kanuten ein wenig dünn. Die beste Reisezeit sind die Monate April und Mai.

Anhang

Mag sein, dass Ihnen das eher gemächliche Kanuwandern als Ausgleich für den Stress des Alltags völlig ausreicht. Ich kann mir aber auch vorstellen, dass Sie sich durch die sportlichen Reize des Kanufahrens angesprochen fühlen. Für diesen Fall möchte ich Ihnen an dieser Stelle die wichtigsten Wettkampfdisziplinen des Kanusports vorstellen.

Wettkampf

Kanurennsport

Stehendes Gewässer, ballonierte Bahnen, normierte Distanzen. Der Kanurennsport ist die älteste Wettkampfdisziplin des Kanusports. In Kajak und Kanadier ist es der Reiz der gleitenden Schnelligkeit, der die Kanurennsportler begeistert. Dies wird erreicht durch ständige Optimierung der Technik und durch maximierte körperliche Kondition. Alle Anstrengung gilt dem schnellen Vorwärtspaddeln. Der Kajak-Einer (K1), der Kajak-Zweier (K2) und der Kajak-Vierer (K4) ist mit Athletinnen und Athleten bei Weltmeisterschaften und Olympischen Spielen vertreten. Der Kanadier (Einer und Zweier) blieb bisher den Männern vorbehalten. Die Kanurennsport betreibenden Vereine stellen das teuere und empfindliche Bootsmaterial.

Kanuslalom

Kanuslalom – die hohe Schule des Kanusports

Auf Wildwasser wird auf einer durch Tore vorgegebenen Strecke die zweite olympische Disziplin des Kanusports ausgetragen. Ziel ist es, diese Tore schnell und fehlerfrei zu befahren. Damit wird die Strömungssituation eines Wildbaches simuliert. Der Eiskanal in Augsburg ist wohl die bekannteste Wildwasserstrecke Deutschlands. Im Kanuslalom sieht der Zuschauer die präzisesten Fahrmanöver und den exaktesten Umgang mit den Strömungsformen und dem Sportgerät. Somit gilt diese Sportart als die »hohe Schule« des Kanusports, wenngleich die Boote der Slalomakrobaten wenige Gemeinsamkeiten mit Tourenbooten aufweisen.

Wildwasserrennsport

Die Idee des Kanurennsports, eine vorgegebene Distanz möglichst schnell zu überwinden, wurde auf das Wildwasserfahren übertragen. Jährlich werden in Kajak und Kanadier Weltmeisterschaften ausgetragen. Der sichere Blick fürs weiße Wasser, Ausdauer und technisch-taktisches Geschick sind die Eigenschaften, die zum Erfolg führen. Die Streckenlänge beträgt etwa 15–20 Minuten.

Kanumarathon

Die langen Belastungen auf Wettkampfstrecken zwischen 20 und 120 Kilometer fordern den Marathonsportler. Oft wird die klassische Marathondistanz von etwa 42 Kilometer befahren. Bootsmaterial sind die für den Kanurennsport üblichen, modifizierten Boote. Auch hier werden regelmäßig internationale Wettkämpfe ausgetragen.

Kanurodeo findet in der Walze oder auf der Welle statt.

Kanupolo

Mannschaftsspiel mit zwei Toren und einem Ball auf begrenzter Wasserfläche. Der Ball darf mit Boot, Paddel oder Körper gespielt werden. Die spielerischen Elemente sprechen insbesondere Kinder und Jugendliche an. Riesenvorteil von Kanupolo: Jedes Schwimmbad kann zum Spielfeld umfunktioniert werden.

Kanupolo spricht fast alle Altersgruppen an.

Kanurodeo

Rodeo ist die akrobatischste und jüngste Form des Wildwassersports.
Jede Bootsbewegung ist ein so genannter Move. Die Playboater beherrschen Blasten und Wheelen in der Welle oder Walze, dem Spot. Sie entwickeln spe-

zielle Boote, die aufgrund geringen Volumens teilweise nur noch bedingt wildwassertauglich sind.
Wer jetzt über das Kanuwandern hinaus in seiner Freizeit Lust verspürt, an Kanu-Wettkämpfen teilzunehmen, kann dies am besten im Kanuverein vorbereiten. Hier finden Sie entsprechend qualifizierte Übungsleiter und Trainer. Der DKV sagt Ihnen, wo Sie als Wettkampfsportler gut betreut werden.

DKV-Kanu-Stationen

Angesichts einer gestiegenen Attraktivität von Kanuwanderfahrten und der gleichzeitigen Notwendigkeit, Übernachtungen in der freien Natur zu unterbinden, hat der Deutsche Kanu-Verband sein traditionelles System der DKV-Kanu-Stationen wiederbelebt. Kanu-Stationen sind – etwas verkürzt gesagt – Zeltplätze für Kanuten. Kanuvereine, die bestimmte Bedingungen erfüllen, können dieses Zeichen beim DKV beantragen.

Kanu-Stationen erfüllen die folgenden Kriterien:

- Es muss eine ausreichende Anlegemöglichkeit vorhanden sein (z. B. Steg, Rampe oder Treppe).
- Auf dem Gelände muss ausreichend Platz sein, um mehrere Kleinzelte aufstellen zu können.
- Sanitäre Einrichtungen mit Toilette, Waschmöglichkeit, Dusche und Trinkwasser müssen erreichbar sein. Sofern diese Erreichbarkeit von außen nicht sichergestellt ist, muss ein Hinweis vorhanden sein, wo der dazugehörige Schüssel zu erhalten ist.
- Die Plätze müssen über ausreichende Entsorgungsmöglichkeiten (Abfall) verfügen.
- Das Gelände sollte gut zugänglich sein, d.h., es darf gegen die Straße nicht abgesperrt sein.
- Wichtig ist, dass die Preise für Übernachtungen am Bootshaus einem Anhang zu entnehmen sind. Dabei müssen für Nicht-DKV-Mitglieder höhere Preise erhoben werden als für Mitglieder. Eine entsprechende Kontrolle der DKV-Ausweise wird vorgenommen.
- Die Vereine sollten über Möglichkeiten verfügen, um bei schlechtem Wetter einen Aufenthalt im Bootshaus zu ermöglichen. Darüber hinaus ist es wünschenswert, wenn die Küche bzw. Kochmöglichkeiten mitbenutzt werden könnten.
- Als weitere Serviceleistung sollte ein Aushang vorhanden sein, auf dem ein Lageplan und Möglichkeiten zum Kanu fahren in der Umgebung aufgeführt sind. Angaben über Telefon, Arzt, Apotheke, Einkaufsmöglichkeiten sowie Zug- und Busverbindungen sollten ebenfalls vorhanden sein. Wichtig ist auch, dass eine Beschreibung vorliegt, wie der Bahnhof oder die Bushaltestelle zu erreichen sind.

Gesamtübersicht unter www.kanu.de/service.htm

Kanu-Infos

Die Kanusport-Verbände und -Fachfirmen verteilen eine Menge kostenloser Informationen. Alle freuen sich übrigens über ein frankiertes, adressiertes Rückkuvert.

Deutscher Kanu-Verband (DKV)

Bertaallee 8
47055 Duisburg
Tel.: 02 03/99 75 90 0
Fax: 02 03/99 75 96 0
www.kanu.de
E-mail: service@kanu.de

Der DKV hält jede Menge Infomaterial bereit. Das Angebot reicht von kostenlosen Broschüren über Sicherheit im Kanusport, über ein weltweit einmaliges System von Flussführern bis hin zum Versand von Kanu-Literatur und faszinierenden Kanu-Kalendern. Die Bücher von Mac Gregor sind als Kanu-Klassiker ebenso zu haben. Monatlich erscheint die Zeitschrift »Kanu-Sport« mit Tourentipps, Wettkampfberichten und aktuellen Infos. Für das wirklich riesige Angebot des DKV-Verlags fordern Sie am besten das komplette Verlagsprogramm an.

Verband Deutsche Kanuschulung (VDKS)

Hohenburgstr. 86
45128 Essen
Tel. 0201/176 99 80
Hier bekommt man die Adressen der VDKS-Mitglieder. Diese Schulen bieten einen hohen Standard bei der Kanuschulung für Anfänger und Fortgeschrittene.

Prijon Kajaks

Innlände 6
83022 Rosenheim
Tel.: 08031/30370
Fax: 08031/303799
www.prijon.com
E-mail:
prijon-gmbh@t-online.de
Toni Prijon ist der weltweit führende Hersteller von Kajaks. In seinem Katalog ist alles enthalten, was man rund ums Kanufahren braucht und wissen muss. Wenn Sie die Kajaks einmal testen möchten, dann rufen Sie an, faxen oder schreiben Sie. Ein Testcenter ist sicher in Ihrer Nähe.

Gatz-Kanus

Bergisch-Gladbacher-Str. 787
51069 Köln (Delbrück)
Tel.: 0221/682300
Fax: 0221/680 52 31
www.gatz-kanus.de
E-mail:
Gatz.Kanus@gatz-kanus.de
Der Name Gatz ist Symbol für sorgfältige Arbeit und formschöne Kanus. Im Katalog erfahren Sie alles über die Welt des Kanadiers.

hf-Kanuservice

91241 Kleedorf
Tel.: 09151/6221
Fax: 09151/95616
www.paddle-people.com
Der hf-Kanuservice verschickt gegen frankierten DIN-A4-Briefumschlag kostenloses und informatives Material mit vielen Anregungen für Einsteiger, aber auch für »alte Hasen«.

Kanu-Magazin

Postfach 1828, 70708 Fellbach
Tel.: 0711/957975-0
Fax: 0711/957975-9
www.outdoor-channel.de
E-mail: kanu@media-units.de
Berichte, Produktinfos, Fahrtenbeschreibungen – das sechsmal jährlich erscheinende Magazin ist ein Muss für Kanufreaks.

Klepper Faltbootwerft

Klepperstr. 18
83026 Rosenheim
Tel.: 08031/2167-0
Fax: 08031/2167-77
Der Name Klepper ist auch heute noch ein Synonym für sorgfältige Arbeit und zuverlässige Kajaks. Im aktuellen Klepper-Katalog erfahren Sie alles über die Welt des Faltboots.

Kober-Paddel

Lossburger Str. 33
72290 Lossburg-Wittendorf
Tel.: 07446/2363
Fax: 07446/3261
Im Kober-Katalog finden Sie alle Informationen rund um Holz- und Kunststoffpaddel.

Kanu-Fachberater …

… sind Kanu-Fachgeschäfte mit Fachberatung, die sich in Zusammenarbeit mit dem Deutschen Kanu-Verband empfehlen.

04229 Leipzig
Bootsshop Herold
Antonienstr. 2
Tel.: 0341/4011059

15537 Erkner
Kanu Sport Erkner

Konrath KG
Friedrichstr. 1
Tel. 03362/502316
Fax 03362/502318

10997 Berlin
Kanu-Connection
Köpenicker Str. 9
Tel.: 030/6122686

31535 Neustadt/Rbge.
Helmi Sport
Eilvese, An der B6
Tel.: 05036/429
Fax: 05036/2605

37085 Göttingen
Kanuartikel Kristina Bauer
Hainholzweg 28
Tel.: + Fax: 0551/46899

45257 Essen
Zölzer GmbH Sportbedarf
Kupferdreher Str. 196
Tel.: 0201/487815
Fax: 0201/482780

47447 Moers
Sport Lettmann
Franz-Haniel-Str. 53
Tel.: 02841/54774
Fax: 02841/509671

48268 Greven
Rucksack
Saerbecker Str. 5
Tel.: 02571/6626
Fax: 02571/6223

49134 Wallenhorst
Wallenhorster Kanuladen
Werner Nowak
Wesselstr./Ecke Wilhelm-Leuschner-Str.
Tel.: 05407/1330
Fax: 05407/860234

50679 Köln-Deutz
Blackfoot Outdoor
Sportartikel GmbH
Siegburger Str. 114
Tel.: 0221/8800654
Fax: 0221/8800192

51069 Köln
Arno Gatz
Bergisch-Gladbacher-Str. 787
Tel.: 0221/682300
Fax: 0221/6805231

53579 Erpel
Kanu-Sport Schulte
Winzerstr. 14
Tel.: 02644/3588

59073 Hamm
ro-tex Wassersport
In der Wöste 11
Tel.: 02381/62786
Fax: 02381/62049

59423 Unna
Sport Schröer GmbH
Massener Str. 137
Tel.: 02303/1793
Fax: 02303/22787

68519 Viernheim
Christian
Trekking und Outdoor
Heidelberger Str. 47
Tel.: 06204/67688
Fax: 06204/67884

83022 Rosenheim
Prijon Sportshop GmbH
Innlände 6
Tel.: 08031/219444
Fax: 08031/219446

94436 Simbach bei Landau
Danner Outdoor Camping
Kanusport
Hornacherstr. 18
Tel.: 09954/852
info@outdoor-danner.de

Literaturverzeichnis

Baur Jürgen, Hahn Henning, Holz Peter: Grundlagen des Kanusports. Stuttgart 1977

Beier Udo: Unterkühlung und Kälteschock. Hamburg 1993

Deppe Ulrike, Gerlach Jürgen, Knap Karel: Kanuslalom. München 1979

Gerlach Jürgen: Der Kajak. Herford 1996

Mason Bill, Gatz Arno, Engel Elmar: Der Canadier. Köln 1987

Stritzky Otto von, Pree Marja de: Paddel-Handbuch. München 1991

Know-how für die Kanutour

Otto von Stritzky / Marja de Pree
Paddel-Handbuch
Umfassendes Handbuch mit allen erforderlichen Kenntnissen für Einsteiger und fortgeschrittene Bootswanderer, ergänzt durch aktuelle Tipps, Anregungen, spannende Erlebnisberichte und anschauliche Skizzen.

Norbert von Frankenstein
Kanuführer Masurische Seenplatte
Die attraktivsten Routen im Nordosten Polens mit präzisen Beschreibungen, Anlege- und Übernachtungsmöglichkeiten, Sehenswürdigkeiten und kleinem Reisewörterbuch.

Peter Owen
Outdoor-Knotenfibel
Wichtig beim Segeln, Camping, Klettern, Fischen, Jagen und vielen Outdoor-Sportarten: die 70 wichtigsten Knoten, leicht zu erlernen mit Schritt-für-Schritt-Anleitungen und detaillierten Phasendarstellungen.

Spezialführer
Karlheinz Martin
Kanuwandern in Mecklenburg-Vorpommern
Tages-, Wochenend- und Ferienfahrten auf Seen und Flüssen: ausführliche Tourenbeschreibungen mit Kartenskizzen, Tipps zu Anreise, Zelt- und Unterkunftsmöglichkeiten, Sehenswertes.

Heinrich Nejedly
Kanuwandern in Deutschland
Touren in ganz Deutschland mit aktuellen Tourenbeschreibungen, exakten Flussskizzen, Informationen über Sehenswertes, Zeltplätze und vieles mehr.

Heinrich Nejedly
Kanuwandern in Süddeutschland
Vorschläge für 5 Tagesfahrten, 18 mehrtägige Fahrten und 7 Ferienfahrten mit ausführlichen Beschreibungen, Flussverlaufsskizzen und vielen Fotos.

Im BLV Verlag finden Sie Bücher zu den Themen: Garten und Zimmerpflanzen • Natur • Heimtiere • Jagd und Angeln • Pferde und Reiten • Sport und Fitness • Wandern und Alpinismus • Essen und Trinken

blv

Ausführliche Informationen erhalten Sie bei:

BLV Verlagsgesellschaft mbH • Postfach 40 03 20 • 80703 München
Tel. 089/12705-0 • Fax 089/12705-543 • http://www.blv.de